デジタル社会の戦略的経営管理入門

成功する経営の基礎知識

高木修一 ［著］

日科技連

まえがき

　2022年現在、世の中では「DX」、「AI」、「データサイエンス」が大流行中である。官公庁・企業・大学の至るところでこれらの言葉が叫ばれ、多くの人がまじめな顔をして取り組んでいるのではないだろうか。ひと昔前の「IT」ブームと根本部分では同じような狂騒が、題目となる言葉を変えて再発したような状況にある。確かに、いくつかの組織においては「DX」、「AI」、「データサイエンス」を用いて飛躍的な進化を遂げ、明るい未来に向かっているのだろう。

　一方、「DX」、「AI」、「データサイエンス」ブームに対する戸惑いの声も多い。特に多いのが、経営あるいは現場で役立っていないという声である。経営者、中間管理職、現場社員など職種、職位などによって当然異なるが、代表的なものとしては、下記のような声である。

- 「DX」、「AI」、「データサイエンス」を使ったが、儲からない。
- 「DX」、「AI」、「データサイエンス」を使ったが、仕事が楽にならない。
- 「DX」、「AI」、「データサイエンス」が何の役に立つのかわからない。

　はっきり言って、「DX」、「AI」、「データサイエンス」をどれだけ使っても、自動的に儲かることも、仕事が勝手に楽になることもない。これらの言葉は非常に多義的なので絶対とは言い切れないが、「DX」、「AI」、「データサイエンス」は企業を構成する要素の一つであり、あくまで、経営管理において企業の他の構成要素と戦略的に統合されて初めて役立つものである。1つを変えただけですべてがうまくいくことはないだろう。

　本書の目的は、「DX」、「AI」、「データサイエンス」を戦略的に用いたデータ指向の経営管理を行うための基礎的な知識を整理し、提示することである。企業の構成要素の各論を詳細に解説することよりも、その全体像を見渡すため

のガイドブックの役割を果たすことをめざしている。各論に関しては、良書や
オンライン学習教材が山のようにあるため、そちらを参照してほしい。

想定読者

　本書は、下記のようなことを求める方々に適している。

- 「DX」などを経営的に活かすための必要最低限の基礎を知りたい。
- 経営の「IT 化」、「DX」、「データ分析」の基礎知識を得たい。
- データ分析の考え方や手法の選び方について知りたい。

本書は、下記のようなことを求める方々には向いていない。

- 技術や経営について、特定の事項を深く正確に知りたい。
- 学術的な新規性や独自性、最先端の技術や知識を求めている。
- データ分析の技術について数理的かつ正確に学びたい。

本書の構成

　筆者は、企業が経営的に成功するための要素について、「企業の方向性（適合
性）」、「仕事の仕組み（有効性）」、「データ分析の技術（効率性）」という 3 つの
要素が必要だと考えている。これら 3 つはすべてが重要であり、どれか 1 つが
欠けている、あるいは著しく低い状態にあると、成果（売上・利益・社会貢献
などの企業目標の達成）に結びつかない。

　比喩的に表現するなら、これら 3 つは掛け算の関係にあり（図 1）、各要素は
次のようにまとめられる。

図 1　成果を得るための掛け算

- 適合性：企業は社会情勢に合致した方向で活動を行っているか。
- 有効性：日々の仕事の仕組みは、目標を達成することに直結しているか。
- 効率性：適切なデータ分析によって、資源を最大限活用できているか。

「企業の方向性（適合性）」が明確でなければ、企業にとって必要な仕事が見えてこない。日々の「仕事の仕組み（有効性）」が構築されなければ、企業の中で行われる個人の仕事は、企業の目標達成に貢献することができない。「データ分析の技術（効率性）」がなければ、効率よく仕事ができず、競争に負けてしまう。そして、これらの要素の掛け算の結果が成果となる。

本書は、この「企業の方向性（適合性）」、「仕事の仕組み（有効性）」、「データ分析の技術（効率性）」という3つの要素について解説するものである。3つの要素は、下記のとおり本書の3つの部に対応する。

- 第Ⅰ部：企業の方向性（第1章～第3章）
- 第Ⅱ部：仕事の仕組み（第4章～第6章）
- 第Ⅲ部：データ分析の技術（第7章～第10章）

第Ⅰ部は、企業の方向性を考えるうえで知っておくべき基礎知識について解説する。第1章では「経営戦略」について解説する。第2章では「IT」について戦略的な観点から解説する。第3章では「DX」について解説する。

第Ⅱ部は、仕事の仕組みを考えるうえで知っておくべき基礎知識について解説する。第4章では「ビジネスモデル」について解説する。第5章では「オペレーションズ・マネジメント」について解説する。第6章では仕事の仕組みの観点から「IT」について解説する。

第Ⅲ部は、企業のあらゆる活動に影響を与えるデータ分析について解説する。第7章では「データ分析の方法」について解説する。第8章では「量的データの分析」について解説する。第9章では「AI・機械学習」について解説する。第10章では「テキストデータ分析」について解説する。

本書の読み方

　経営的な問題への対処、あるいは経営的な方法による課題解決を試みるなら
ば、第Ⅰ部・第Ⅱ部の知識が役立つだろう。データ分析による課題発見や解決
を試みるなら、第Ⅲ部の知識が役立つはずである。

　本書は各章の独立性を高くしているため、つまみ食いのような読み方でも理
解できる部分が多い。同時に、参考文献として教科書や専門書でもわかりやす
いものを積極的に取り上げているため、基礎固めのためのレファレンスブック
としても役立てば幸いである。また、専門的な論文なども適宜紹介しているた
め、必要があればそちらも参照してほしい。

本書の限界と学問領域

　本書の内容は紙幅の都合上、極めて限定的な内容になることを覚悟のうえで
記述している。各章、各内容に関する正確かつ網羅的な知識を得たい場合は、
それぞれの参考文献や専門書を確認していただきたい。なお、各章の依拠する
主な学問領域名は次のとおりである。

　第1章・第4章：経営戦略論（経営学）
　第2章・第3章・第6章：経営情報論（経営学）
　第5章：オペレーションズ・マネジメント論（経営学・経営工学）
　第7章：研究方法論（経営学、社会学、経済学、心理学）
　第8章・第9章・第10章：データ分析論（経営学、経済学、統計学）

謝辞

　本書は非常に恵まれた環境において執筆することができた。富山大学経済学
部、大阪公立大学商学部には深く感謝している。同僚の先生方、職員の皆様に
は深く御礼申し上げる。

　本書は JSPS 科研費 JP18H00883、JP19K13801、JP20KK0028、JP21K13362
の助成を受けた研究活動・成果を利用している。

　本書について企画、構成から誤字脱字、文章表現、製作コスト削減（図表削

減)に至るまで、緻密・詳細・丁寧にご査読いただいた太田雅晴先生(大阪市立大学名誉教授・大阪学院大学教授)には感謝の言葉が尽きない。太田先生のご尽力なくして本書が出版されることも、現在の形になることもなかった。

　本書の出版を決断された日科技連出版社の戸羽節文氏、テコ入れを行っていただいた鈴木兄宏氏、丁寧な編集・構成・書名やカバーなどの提案・催促および幾度にもわたる査読および適切なアドバイスでお世話いただいた石田新氏に御礼申し上げる。

　最後になったが、両親および弟に感謝する。

2022 年春

雪残る富山と桜咲く大阪を往復するサンダーバードの車中にて [1]

高木　修一

---

1)　2022 年 4 月現在、サンダーバードは金沢駅−大阪駅間しか走っていないので、正確には石川県−大阪府の往復が正しい。筆者の状況をより正しく表すと、「新幹線(富山県−石川県)＋サンダーバード(石川県−大阪府)の車中にて」である。

目　　次

第Ⅰ部
企業の方向性

第 I 部の概要

　第 I 部では、企業の方向性について説明する。企業は社会の中に存在し、社会から資源を得ることで存続している以上、企業の活動は社会に適合している必要性がある。どれほど優れた仕事の仕組みを構築し、有効なデータ分析を行うことができたとしても、根本的に社会に受け容れられなければ存続することは難しい。

　第 I 部の知識は、企業全体についてどのように認識するか、さらには企業の中に IT や DX をどのように位置づけるのかを解説するものである。

第 I 部の目次

　第 I 部の各章で解説している内容について語弊を恐れず端的にまとめると、次のようになる。

第1章

経営戦略

1.1　経営戦略の重要性

　企業は能力も個性も多種多様な多数の人が集まって、一緒に何らかの目的を
達成するための組織である。個人が内心でどのような思いをもっていたとして
も、顧客に対しては、企業として製品やサービスを提供することが必要とな
る。思想も個性も異なる多数の個人が一緒に活動するためには、企業全体とし
て活動の方向性を示さなければならない。このような企業における活動の方向
性を指し示すものを、経営戦略と呼ぶ。

　経営戦略とは、企業の活動の方向性を示したものであると同時に、企業内に
経営者の考えを伝える重要な道具である。経営者は経営戦略という道具を使っ
て企業のもつべき価値観や業務の方向性を示し、同時に活動に制約を加える。

　一方、現場で働く人にとって経営戦略は自らの活動を縛る制約であると同時
に、自らの活動を促進する起爆剤にもなる。経営戦略に沿わない活動は企業内
で行うことを認められにくく、経営戦略に沿った活動は認められやすい。

　このような経営戦略であるが、具体的に経営戦略を考えることは決して簡単
なことではない。特に、下記のような悩みはいろいろな場面で聞くことが多
い。

- 経営戦略が何かよくわからない。
- 経営戦略を考えるとき、何に注意すればよいのかわからない。
- 経営戦略を一から考えろと言われても、困る。
- 経営戦略の正解を教えてほしい。

　本章では、これらの悩みを解決するところまではいかないまでも、悩みにつ
いて自ら考える一助となるような知識について解説する。1.2 節では企業内に
おける経営戦略の位置づけについて解説する。1.3 節では、経営戦略の構成要
素について解説する。1.4 節では、基礎的な経営戦略の分析ツールについて解
説を行う。

第Ⅰ部　企業の方向性

1.2　経営戦略とは何か

　企業の方向性に関連する用語は、経営理念、ミッション、ビジョン、企業目標、戦略など、さまざまなものがある。使い方にルールがあるわけではないため、企業によってこれらの用語の指し示す内容はもちろん異なっている。あくまで一つの例であるが、以下のように整理することができる。

- 経営理念・ミッション：社会と企業の関係の記述
- 企業目標・ビジョン：企業の到達点、ゴール、夢、理想
- 経営戦略：行動指針、論理、シナリオ
- ビジネスモデル：企業が儲けるための仕組み

経営理念やミッションは社会の中で企業が果たす役割を規定するものである。その役割を果たすために企業が到達すべきゴールや理想がビジョンとして示される。このビジョンを実現するための方向性やシナリオが経営戦略であり、経営戦略のより具体的な形、さらには儲けるための仕組みがビジネスモデルと呼ばれる。ミッションやビジョンは重要だが、企業の活動をより具体的に制約あるいは促進するものとして経営戦略が重要視されることが多い。

1.3　経営戦略の構成要素

　経営戦略の定義は非常に多種多様であり、「戦略について書かれた本の数だけ戦略の定義は存在するといっても過言ではない」[2]とされるほどである。学術的な目的であればともかく、実際に経営戦略を構築ないし理解・利用するという観点から、経営戦略の定義をつきつめて議論することの意味はあまりない。

　本書では、経営戦略を「企業の方向性を示すもの」であると捉える。そし

---

2)　Barney(2002)、邦訳、p.28。

て、そのような経営戦略を捉えるうえでは「組織」、「目標」、「論理」の 3 つの
構成要素を認識することが重要であると考える[3]。

- 組織：どのような組織を対象とした戦略なのか。
- 目標：組織がめざす目標は何か。
- 論理：どのようにして目標を達成しようとするか。

　新しく経営戦略を作るうえでも、作られた戦略を読み解くうえでも、この 3
点は外すべきではない。以降では、この組織、目標、論理について、重要性や
要点を解説する。

1.3.1　組織

　経営戦略の構成を捉えるうえで重要な構成要素の 1 つ目は「組織」である。
対象とする組織ごとに異なる経営戦略が存在しうる。そのため、経営戦略を捉
える場合は、どの組織を対象として作られているのかを認識することが重要と
なる。

　一般的に、組織という観点から、経営戦略は「企業戦略」、「事業戦略」、「機
能戦略」の 3 つに分けることができる（表 1.1）。小さな企業であればこれら 3
つが明示的に分かれていない場合もある。一方、大企業であれば親会社が企業
戦略を示し、子会社が事業戦略や機能戦略を示すこともある。示される形態が

表 1.1　組織の観点から見た経営戦略の分類

要素	対象組織	代表的な問いかけ	検討事項
企業戦略	企業	どこで生き残るか どのような事業を行うか	企業の範囲 資源の配分
事業戦略	事業	どのように競争するか どのように競争を避けるか	競争の方向性
機能戦略	機能	機能ごとに何をするか どの機能を内製 / 外注するか	機能の構成

---

3)　琴坂(2018)を参考に記述している。

どのようなものであれ、企業戦略、事業戦略、機能戦略のもつ内容を認識することが重要である。

（1）　企業戦略

企業戦略とは、企業が全体としてどのような事業をもつのか、すなわち企業の活動範囲を示すものである。企業の生存領域を決定することでもある。ただし、企業が生き残るためには経営資源（ヒト・モノ・カネ・情報）が必要であり、各事業に資源を配分することも考えなければならない。それゆえ、企業戦略では企業の範囲に加え、資源の配分を考えることが必要となる。

（2）　事業戦略

事業戦略[4]とは、どのようにして事業でライバル企業に勝つのか、価値を獲得するのかを示すものである。端的に言えば競争の方向性を示すものであるといえる。事業の強みや弱みを考え、競争優位をできるだけ長く獲得し続けることを考えることが必要となる。ただし、競争は避けるに越したことはないため、いかにして競争がないところを見つけるか、いかにして競争から逃げるか、を考えることであるともいえる[5]。

（3）　機能戦略

機能戦略とは、営業・生産・販売など各機能がどのような働きを行い、企業の目的に資するのかを示すものである。各機能が企業の中でどのような役割を果たすのか、あるいはその機能を企業の中でどのように実現するのかを考えることが必要となる。

---

4)　事業戦略は競争戦略と呼ばれることもある。

5)　井上（2012）によれば、「競争戦略の本質はいかにして戦うかにはない。」（p.38）とある。あくまで企業からの視点になるが、独占など競争せずにすむ環境がもっとも利益を上げやすい。ブルーオーシャン戦略やホワイトスペース戦略など、事業戦略の多くの根底には、競争を避けるという発想が存在する。

　企業戦略、事業戦略、機能戦略は企業の中でうまく整合している必要がある。しかしながら、現実的には衝突することも多い。ライバルとの競争ばかりに目が向き、企業全体での資源配分がうまくいかないことはよくある。事業戦略と機能戦略がうまく整合せず、競争を有利に進めることができないこともある。

　経営戦略を全体として大まかに捉えることも重要だが、一方で組織という観点から経営戦略を分割して捉えることも有用である。自らの日々の仕事がどの戦略によって方向性を示され、制約されているのかを知る必要がある。事業戦略によって縛られているのであれば、事業戦略に適した仕事が求められるだろうし、機能戦略に縛られるならその戦略に沿うことが必要となる。最終的には企業戦略にも縛られている可能性もある。

1.3.2　目標

　経営戦略を捉えるうえで重要な構成要素の2つ目は「目標」である。現代の企業であれば、企業内で必ず何かしらの目標が設定されているはずである。多くの場合、企業全体で設定された目標が段階的に要素分解され、最終的に個々人の目標として降り注ぐこととなる[6]。一方、企業全体の目標も完全に自由に設定されているというわけではなく、上場企業であれば四半期決算と株価という縛りの中で目標を設定させられるし、非上場企業であっても社会からの有形・無形の要請によって目標が設定されることもある。目標設定の理由や形態はともかく、企業や事業など、所属する組織の目標を把握することが経営戦略を理解するうえでは必要となる。

　目標設定の方法や目標自体に優劣はない。強いて言うならば、企業の理念やビジョンから見てその目標が適切か、ということは重要であるが、多くの場合、企業の理念やビジョンは多様に解釈が可能なので、厳密に正解・不正解を定めることは困難である。

---

6)　品質管理分野では、方針・方策展開という表現になる。

（1）　KPI

　目標を考えるうえで知っておくべき概念としては、KPI（Key Performance Indicators：重要業績指標）がある。KPIは、企業のさまざまな目標の中で特に重要視するもの、企業が従業員全体に意識づけを行いたいものをまとめたもので、代表的なものとしては以下がある。

- 企業全体のKPI：株価、社外取締役率、SDGs貢献
- 事業単位のKPI：売上高、市場シェア
- 各種部門別のKPI：新製品数、不良品率、問合せ数

　現実には、KPIを増やしすぎて焦点をまったく絞れていない、という本末転倒な企業も見受けられるが、適切に設定すれば有効なツールであることには違いない。

（2）　目標設定の反作用

　目標について忘れてはならないのは、ある目標を設定することは、それ以外の目標を無視するという側面をもつことである。目標が単なる参考情報であれば問題はない。しかし、現実的には目標は必ず達成度を測定され、多くの場合は業績評価（個人なら給料、企業なら株価など）に反映される。そのため、ある目標を設定することは、それ以外の目標を軽視あるいは無視することにつながることも多い。

　目標設定の反作用は企業全体で生じる場合も、個々人で生じる場合もあるが、例えば下記のようなものが考えられるだろう。

- 売上を目標として設定した結果、利益が無視されて大赤字になった。
- 生産台数を目標とした結果、倉庫に山のような在庫が積みあがった。
- 個人の業績を目標として設定した結果、職場の協力関係が崩壊した。
- 論文の出版数を目標として設定した結果、捏造が横行した。

測定の暴虐

　KPI も含め、企業の中で立てられる目標は数値による測定と紐づけられる。最終的には経営者や従業員の成績として扱われ、報酬に反映されることも多い。測定は非常に強力で便利であるため、よく利用される。ただし、それが行き過ぎて測定に対して信仰心をもっているケースもよく見られる。

　Muller(2018)は測定に対する過度な信仰心を「測定執着」という言葉で説明している。「測定執着とは、それが実践されたときに意図せぬ好ましくない結果が生じるにもかかわらず、こうした信念が持続している状態」(邦訳、p.19)とされる。このような状態に個人や組織があると、何か問題が生まれるごとに、新たな測定が無検討で追加され、結果的に組織の有効性も効率性も、構成員のやる気も低下する。もっとも典型的な例は、さまざまな職場で見られる膨大な量のチェックリストだろう。

　さらに、測定執着は数値による測定においてよく発露するようだ。Mintzberg(2009)が指摘するように、数値による測定は、多くの場合、測定者の主観的な判定により成功と評価されることがほとんどである。数値による測定自体の成否を数値によって測定することは稀であり、ほとんどが「数値測定の成功を信仰」している状態である。そのため、数値による測定には歯止めがかかりにくい。一般に、数値による測定は信仰対象なのだろう。

　伊丹・青木(2016)が指摘するように、測定されるだけでも人は行動を変化させる。その意味で、測定は経営者や管理者にとって有効な管理のツールである。しかし、Muller(2018)にまとめられているように、測定にはさまざまな悪影響も考えられる。そのことに注意して、測定は利用する必要がある。

1.3.3　論理

　戦略の構成を捉えるうえで重要な構成要素の 3 つ目は「論理」である。ストーリーや計画、筋道などと表現することもできる。目標に到達するために必

要な事柄を示すものである。

　ただし、この論理については分類することも困難なほどの数が存在する。企業あるいは事業が成功ないし失敗する理由は無数に存在するし、その成功ないし失敗の理由だけ論理が存在すると言っても過言ではない。世の中に存在する「○○戦略」と名づけられたものは、この論理を中心として表すものであることが多い。

　このような論理をわかりやすく、分析しやすくしたものがフレームワークと呼ばれるものであり、たいていの場合、図や表の形で示されている。

1.4　代表的な経営戦略の論理とフレームワーク

　先に述べたように、経営戦略における論理は企業の数だけ存在する。しかし、経営戦略を構築あるいは理解するうえで、知っておくと便利な概念やフレームワークはいくつか代表的なものが存在する。ここでは、紙幅の許す範囲で代表的な、あるいは古典的なフレームワークを紹介する。

1.4.1　企業の成長の形

　企業の成長について考える際によく用いられるものとして、アンゾフ・マトリックスがある[7]。アンゾフ・マトリックスとは、企業の成長方法について製品と市場の観点から４つに整理したものである。企業が成長する論理（ストーリー）を４つに分類したものと言ってもよいだろう。企業全体の成長を考えたいならば、この４つの中から成長の論理を選べばよい。

　アンゾフ・マトリックスによれば、企業の成長とは「市場浸透」、「市場開発」、「製品開発」、「多角化」の４つに分類することができる。さらに、「市場浸透」、「市場開発」、「製品開発」はまとめて「拡大化」と呼ばれることもある。企業が成長すること、ひいては企業の成長の方向性として、事業が規模を大き

---

7)　Ansoff(1965)を参照。

くする「拡大化」と、事業の種類を増やす「多角化」に分かれるということである。拡大化と多角化は下記のようにまとめられる。

- 拡大化：既存の市場あるいは製品を元に行う企業の成長
- 多角化：新規の市場に新規の製品を投入する企業の成長

1.4.2　資源配分の可視化

　資源配分について考える際によく用いられるのは、プロダクト・ポートフォリオ・マトリクスである[8]。企業に複数ある事業の中から、資源を配分すべき事業や撤退すべき事業を見つけ出すためのフレームワークである。このようなポートフォリオを用いた経営を、プロダクト・ポートフォリオ・マネジメントと呼ぶ。背景には、企業が成功するために必要なことは、事業間で適切に資金を移動し、投資することが必要であるという論理がある。

　プロダクト・ポートフォリオ・マトリクスは、**図 1.1** のように描かれる。横軸に相対的市場シェア、縦軸に市場成長率をとり、各事業の売上の大きさを円

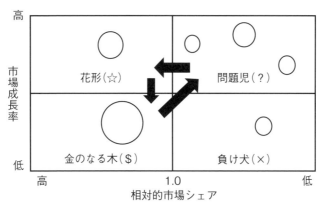

出典）　J.C. アベグレン、ボストン・コンサルティング・グループ編著：『ポートフォリオ戦略』、プレジデント社、1977 年、p.75 を筆者により一部改変

図 1.1　プロダクト・ポートフォリオ・マトリクス

8)　アベグレン、ボストン・コンサルティング・グループ(1977)を参照。

の大きさとして示す図を作成する。

- 相対的市場シェア＝自社の市場シェア÷自社以外の最大手の市場シェア
- 市場成長率＝今年の市場規模÷前年の市場規模

そのうえで、「花形」、「金のなる木」、「問題児」、「負け犬」の４つのセルに分割する。そのようにして事業の状態を可視化する、という手法である。「金のなる木」から必要な資金を集め、選ばれた「問題児」に投資を行うことによって事業を育てる、負け犬の事業は撤退するといった判断材料を得ることができる。

1.4.3　競争状況の検討（外部要因）

事業の競争状況について、外部環境を中心に考えるものとしてファイブフォース分析がある。多くの場合、**図1.2**のように描かれる。

ファイブフォース分析は、「競争業者」、「新規参入業者」、「供給業者」、「代替品」、「買い手」の５つの要因で競争状況を分析するものである。競争環境のよい業種、すなわち、同業他社が弱く、新規参入は少なく、供給業者や買い手は多数おり、代替品がないといった状態は儲かりやすいということであり、そ

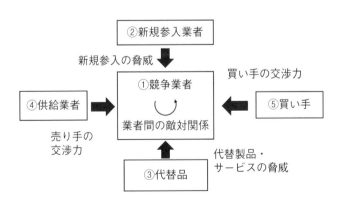

出典）　M.E.ポーター著、土岐坤他訳：『競争の戦略』、ダイヤモンド社、1982年、p.18 を
　　　筆者により一部改変

図1.2　ファイブフォース分析

のような状態を構築することが重要であるというのが、ファイブフォース分析の基本的な論理となる。

　企業間関係は、多くの場合競争のみならず、協調の側面も重要となる。自社にとって補完財生産者は、自社製品やサービスの魅力を増すために有益な存在である。それゆえ、企業は補完財生産者と協力関係を結び、市場全体の魅力を増す活動を行う必要性がある。また、競争相手も状況によっては協調関係を結ぶことができる。まったく新しい製品やサービスを展開する際、自社のみで広告・広報するよりも、競争相手と強調して行うほうが市場拡大に有益な場合がある。このように、協調と競争の両方を考えるためのフレームワークとして、価値相関図などがある。

1.4.4　競争状況の検討（内部要因）

　企業の競争状況を考えるうえで、企業内部に目を向けて分析するフレームワークとして、VRIO 分析と価値連鎖（バリューチェーン）がある。

（1）　VRIO 分析

　VRIO 分析[9]とは、企業のもつ資源を VRIO（Varue：価値、Rarity：希少性、Imitability：模倣困難性、Organization：組織）の視点から整理し、競争優位につながりうるかどうか考えるものである。

　VRIO 分析の背景として、企業が持続的な競争優位を獲得するためには、VRIO を満たす資源をもたなければならないという論理が背景にある。企業の資源にはいろいろなものがあるが、例えば資金という資源は価値こそあるものの、稀少性や模倣困難性は皆無であるため競争優位を持続させる力はない。外部から購入してきた IT 技術（パッケージソフトなど）も同じであり、価値はあっても模倣は容易であることが多い。もし、持続的な競争優位を獲得したければ、資金という資源を、IT 技術を開発する力や、他社がまねできないよう

9）　Barney（2002）を参照。

第 I 部

企業の方向性

な IT 技術の利用方法、膨大なデータベースなどといった希少性や模倣困難性が高い資源へと変換することが必要となるだろう。

(2)　価値連鎖

　資源を基本とするのではなく、企業の活動に焦点を当てる分析の形として価値連鎖（バリューチェーン）がある[10]。価値連鎖とは、企業のさまざまな活動について見直すためのフレームワークである。価値連鎖の基本的な形は図1.3のように描かれるが、実際には企業ごとに異なるものとなる。ファブレス企業[11]であれば製造活動は存在しないし、アフターサービスのみ外注している企業もあるだろう。

　この背景にあるのは、企業の経営戦略は活動の組合せによって変化するという考え方であり、活動の組合せや内容を変えることこそが経営戦略で考えるべきことだというものである。

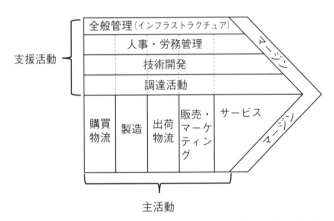

出典）　M.E. ポーター著、土岐坤・中辻萬治・小野寺武夫訳：『競争優位の戦略』、ダイヤモンド社、1985 年、p.49

図 1.3　価値連鎖の基本形

---

10)　Porter（1985）を参照。
11)　ファブレス企業とは、設計開発のみを行い、製造工場を持たず、製造は外注する企業のこと。反対に、製造のみを請け負う企業をファウンドリー企業という。

1.4.5　競争の基本的な形

　事業において競争優位を獲得する場合、基本として 3 パターンがあるとされる。競争に勝つ場合のパターンは 3 つに分類できるということでもある。企業が競争での勝利をめざす場合、この 3 つの中から 1 つ選ぶことが必要であるということも意味する。

- 差別化戦略：業界全体に対して特殊性を認識させる。
- コストリーダーシップ戦略：業界全体に対して価格優位を形成する。
- 集中戦略：特定の顧客に対して低コストあるいは特殊性を認識させる。

　差別化戦略とは、他者の製品・サービスと明確な違いを作り出し、高品質、高価格によって競争に勝利するという考え方である。逆に、コストリーダーシップ戦略とは、低品質、低価格を武器に競争に勝利するという考え方である。また集中戦略は、特定の顧客を対象として差別化戦略あるいはコストリーダーシップ戦略をねらうものである。

　差別化戦略とコストリーダーシップ戦略は、どちらかが絶対に正解というわけではない。顧客が選ばないレベルの低品質の製品・サービスに価値はないし、どれほど品質の差が明確であっても異常な高価格では顧客は購入しない。ある一定の範囲における差別化戦略あるいはコストリーダーシップ戦略が現実的なところではある。ただし、差別化戦略とコストリーダーシップ戦略を両立しようとして、どっちつかずになって失敗する「Stack in the middle」という現象もよく起こるため、注意が必要である。

1.4.6　オープン戦略とクローズ戦略

　自社の技術やノウハウについて企業外に公開し、使用を許可することをオープン戦略と呼ぶ。逆に、自社のノウハウや技術を自社内のみに囲い込み、外部に秘匿することをクローズ戦略と呼ぶ。また、程度の差こそあれ、自社にとって中核となる技術やノウハウについてはクローズ化し、それ以外についてはオープン化するというオープン・クローズ戦略がとられることが多い [12]。

- オープン戦略：技術やノウハウなどを公開する。
- クローズ戦略：技術やノウハウについて秘匿する。
- オープン・クローズ戦略：コアの技術やノウハウについて秘匿し、それ以外を公開する。

オープン・クローズ戦略は、社外との協力関係を構築する際に重要となる。企業経営において、他の企業から完全に独立して経営を行うということはあり得ない。多くの場合はサプライヤーと協力関係が必要であるし、場合によっては同業他社、あるいはまったく関係のない企業と協力する必要があるかもしれない。

さらに、イノベーションのように新しい活動を行う際には、さまざまな企業と協力することが必要不可欠になる。このとき、オープン戦略として、自社が外部企業とどのような協力関係を構築するか方向性が定められていれば、必要に応じて柔軟な協力関係を構築することができるだろう。一方で、他企業との関係を結べない、クローズドな企業として自社を位置づける戦略がとられているのであれば、自前で何とかすることを考えなければならない。

1.5　経営戦略の役割

ここまで、経営戦略の位置づけから始まり、経営戦略の要素や経営戦略に関するフレームワークについて説明した。繰り返しになるが、本書では経営戦略を企業の方向性を示すものだと捉え、その構成要素として「組織」、「目標」、「論理」があると考えている。経営戦略を立てる場合にも、経営戦略を読み解く場合にも、この3つの構成要素を意識するとよいだろう。

繰り返しになるが、経営戦略とは企業の方向性を定めるものである。同時に、方向性を定めるということは組織の活動を制約するものでもある。その方向性に従わない人は組織にいることが難しくなるし、その方向性に合致しない

---

12)　経済産業省（2013）を参照。

投資は行われなくなる。経営戦略の方向性に沿った提案などは受け容れられやすくなるということでもある。一度経営戦略が定められると、それは促進要因としても制約要因としても働いてしまう。仮に、現場で素晴らしいデータ分析を行い、素晴らしい仕事を行ったとしても、企業の方向性と異なるならば、評価される可能性は低い。

　だからこそ、現場で働く人は示された経営戦略を理解し、うまく利用することが求められる。場合によっては、非常に困難なことであるが、経営戦略の改訂を訴える必要もあるかもしれない。しかし、基本的には経営戦略に従って活動することが重要だろう。

　一方、経営戦略を策定する側は、経営戦略の意図や言葉を全社員に伝える必要がある。経営者のもつ情報や視点と現場社員のもつ情報や視点はまったく異なっている。だからこそ、そのギャップを埋めるような活動をする必要もある。

　経営戦略が重要であることは再三強調したとおりであるが、しかし戦略だけがあればよいというものではない点を最後に指摘しておこう。戦略は企業の方向性を示すものであり、その方向性が正しければ企業はおそらく成功しやすくなる。しかし一方で、経営戦略の成功が開発や生産など現場の能力の拡大を阻害する可能性もある[13]。

　なお、経営戦略は事前に明確に作成される場合もあれば、活動に伴って事後的に形成される場合もある。「一度決めた戦略を変えてはならない」という道理はない。そのため、常にその時々の経営戦略を意識することは必要である。ただし、それを言い訳として経営戦略が皆無のままで活動し続けることは決してよいことではない。柔軟な戦略と行き当たりばったりは違う。

---

13)　「現場のオペレーションを鍛えるというのは、非常に苦しいことなので、「頭(戦略)を使えばもうかるのだったら、体(現場)なんか鍛えなくていいじゃないか」ということになりがちなのだ。だから、戦略の成功とともに、開発や生産の現場の実力が伸び悩む。」(藤本ほか、2005、p.134)というような指摘もある。

1.6　第 1 章のまとめ

　本章では、経営戦略について説明を行った。簡潔にまとめると、下記の 4 つ
となる[14]。

- 経営戦略とは企業の方向性を示すものである。
- 経営戦略は「組織」、「目標」、「論理」の 3 つの構成要素で捉える。
- 経営戦略は日々の業務を促進すると同時に制約する。
- 経営戦略は重要だが、経営戦略だけでは企業は成功しない。

---

[14]　本章については、淺羽・牛島(2010)、網倉・新宅(2011)、琴坂(2018)を参考にしてい
る部分が多い。より詳細に知りたければ、これらの書籍を参考にすることをお勧めする。

第2章

経営におけるIT

2.1　IT に対する誤解

　IT(Information Technology：情報技術)に対する期待は昔から存在する。新しい技術や状況、事例が生まれるたびに、IT を用いた革新は盛り上がる。新しい技術を導入することで自動的に企業が革新できればいうことはない。技術導入だけで済むならば、究極的にはお金の問題で済み、非常に手っ取り早く簡単だからだ。IT が魔法の杖や銀の弾丸であれば、それを欲するのは当然である。

　しかし、現実はそうはいかない。かつて「IT Doesn't Matter(もはや IT に戦略的価値はない)」(Carr、2003)と題する論文が発表され、議論が巻き起こったことがある。古い議論なので現在の IT に対してまったく同じことが言えるわけではないが、似たような結論が数年後には出ているのではないだろうか。すなわち、「IT だけでは成功しない(IT を DX、AI、IoT、データサイエンスなどで置き換えても同じこと)」ということである。

　IT について、最近でこそ聞く回数が減ってきたが、下記のような認識で語られることも多い。IT の代わりに DX や AI を入れると、近年でもよく聞く話だと思う。

- IT は現場の話であり、経営者は関係ない。
- 新しい IT を導入すれば勝手によくなる。
- IT を入れれば儲かる。

　最初に否定しておくが、本書は「技術が自動的に利益を生むことはない」という立場に立つ[15]。まえがきで述べたように、技術は単なる一要素であり、経営的な成果を生むためには技術だけでは不十分である。

---

15)　「ICT は、独立的に扱うべき存在ではなく、人的・組織的要因と連動することによって収益性・生産性に貢献するのであって、ICT が直接的あるいは自己完結的に収益性・生産性の向上に貢献するものではない。」(遠山他、2015、p.22)という指摘があるとおりである。

　本章では、IT に関する要素技術ではなく、企業経営における IT の捉え方の解説を行う。なお、「情報システム」、「IT システム」、「IT」、「IS」、「ICT」などさまざまに表現されるものについて、技術的なものに言及する場合は「IT」、企業の IT を用いた情報処理の仕組みに言及する場合は「IT システム」という用語を用いる。

2.2　IT システムに対する価値観と IT システムの分類

　IT とは情報を処理する技術であり、IT システムとは IT を用いた情報処理の仕組みやメカニズムを指す。本来、技術やシステムを議論する際にその価値観に踏み込むことは不要だが、IT システムに関しては経営者ないし組織のもつ IT システムに対する価値観が重大な影響を与えていることが多い。そこで、IT システムに関する価値観を最初に確認し、その後で IT システムの簡単な分類を説明する。

2.2.1　IT システムへの価値観

　ここで述べる IT システムへの価値観とは、職種・階層によらず、働く人がもつ IT システムに対する価値観である。論理的に導き出されたものではなく、過去の経験などから構築されたものである。価値観は多様であるが、簡単に整理すると、下記のようになる[16]。
- 必要悪：仕方なく利用する。
- 道具：便利だから利用する。
- 資源：蓄積が必要な資源である。
- 戦略資源：戦略的に位置づけられて蓄積される資源である。
- 無意識：ビジネスと不可分だから特別扱いは不要である。

最初に生まれた IT システムに対する価値観が、IT システムを「必要悪」と

---

16)　この分類は高橋(2003)をもとに、一部追加・変更して記述している。

捉えるものである。この価値観の下では、IT システムは経営の主活動(商品生産や販売など)を行ううえでやむを得ず必要となるものであり、できることならばなくしたいものである。基本的に IT システムはコストセンターであり、IT システムへの投資はコスト削減をもっとも重要視する。

「必要悪」の後に現れた価値観が、IT システムを「道具」と捉えるものである。IT システムは主活動を行ううえでも役立つものであり、必要な情報を手元に届けてくれるものだという捉え方である。この価値観の下では、IT システムに求められるのは瞬間的な費用対効果(コストパフォーマンス)である。投資を行うことにより、求められる効果が短期間で発揮できるかが何よりも重要視される。

「必要悪」の後に現れた価値観が、IT システムを「資源」として捉えるものである。企業において必要な資源として、ヒト・モノ・カネがあるが、これらと並んで「情報」という資源が存在し、その情報を取り扱う IT システムもヒト・モノ・カネと並んで蓄積が必要な資源の一種だと捉える価値観である。ある瞬間のコストパフォーマンスの追求では不十分で、IT システムを継続的に活用することによって IT システムを活用するための知識やノウハウを蓄積することが重要であると捉えるようになる。

「資源」の後に現れた価値観が、IT システムを「戦略資源」として捉えるものである。IT システムは企業に競争優位をもたらすものであり、状況によってはヒト・モノ・カネへの投資を差し置いてでも積極的に投資を行う必要があるものと捉える。単に継続的な投資を行うというだけでなく、CIO(情報統括役員)などを任用し、企業の経営戦略と整合性を測りながら投資や運用を進めていくこととなる。

「戦略資源」の後に現れた現在最新の価値観が、IT システムをビジネスと「不可分」だと捉えるものである。便宜上の理由で IT システムという言葉を用いる場合はあるが、基本的に IT システムという言葉を独立して使う必要すらなく、事業システム = IT システムと捉えており、事業への投資の中に IT システムへの投資がほぼ必然的に含まれていると捉えているものである。すべ

ての取締役が事業への投資を考える際に IT システムへの投資も考え、投資を行うことにより事業全体の有効性や効率の向上を図る。

　現在では、企業における情報処理、ひいては IT システムについて、表立って「必要悪」と捉えている人は少ないだろう。少なくとも、表向きは「戦略的資源」であり、非常に重要なものだと唱えている。しかし、必要な資源と言いながら、その資源の蓄積に投資する気もなく、基本的にコストの削減のためにしか IT システムを用いない、さらには IT システムへの投資がほとんど行われないことも多々ある。ある瞬間でのコストパフォーマンスしかとらえておらず、継続的に IT システムを改善する投資を行っていない企業も多い。IT システムを考えるのは CIO や現場の仕事であり丸投げ、というような企業も多いのではないだろうか。

　このような価値観の区分は、統計的に実証されたものでもなく、しっかりとした根拠があるわけでもない。表向きは「IT システムは大事」とお題目を唱えながら、実際は投資も活用もされていない企業を見ていると、経営者や経営戦略において、未だに「必要悪」という価値観がのさばっているのが現状であるように思う。もし仮に、「必要悪」という価値観がのさばっている会社であれば、必要なことは IT システムへの投資でも開発手法の更新でもなく、価値観の変更が必要となる。もちろん、価値観に正しさはないのでどれがよいというものではないが、少なくとも 5 つの価値観のどれに企業が従っているのかを意識したうえで、今後どうあるべきかを考えるべきである。

2.2.2　攻めの IT、守りの IT

　IT システムの分類としてよく用いられるものとして、SoR(System of Record) と SoE(System of Engagement) がある。日本では SoR を「守りの IT」と呼び、SoE を「攻めの IT」と呼ぶことも多い。概念としては異なるのだが、実態として SoR は基幹系システム、SoE は情報系システムと捉えられることもある。

　守りの IT とは、効率化やコスト削減を担うものである。ライバル企業に対

する同質化や企業内の効率向上を目的として行うものである。レガシーシステム¹⁷⁾の改修を指すことも多くあり、日本の IT システム投資で多くを占めるのは守りの IT システムに対する投資であるといわれる。

　攻めの IT とは、製品やサービスの展開、ビジネスモデル変革、価値創造などを目的として存在するあるいは投資される IT システムであり、情報系のIT システムと呼ばれることもある。顧客との接点の改善や有効性ないしビジネスモデル革新に利用されるものである。収益拡大や差別化、抜本的な改革などと結びつけられる IT システムである。

　なお、企業の IT システムにおいては両方必要なことはいうまでもないだろう。セキュリティや基盤システムが崩壊している職場でビジネスをうまく進めることはできないし、かといって、基盤にばかり投資していては新たな収益やビジネスの革新は困難である。企業の IT システム投資の動向を見るうえで、2 分法という限界のある捉え方だが、便利な概念として攻めの IT や守りの ITは用いられる。簡単にまとめると、下記のようになる。

- 攻めの IT・SoE・情報系・モード 2：差別化、収益向上の IT システム
- 守りの IT・SoR・基幹系、モード 1：同質化、効率化の IT システム

IT 化の基本

　非常に基本的なことだが、「売上−費用＝利益」を基本として企業は成り立っている。顧客からもらうお金(売上)が、顧客に提供するためにかかったお金(費用)を上回れば利益が生じ、そうでなければ損失が生じる。

　IT 投資は基本的に費用であり、利益を圧迫する。細かく考えると初期投

---

17)　レガシーは直訳すれば「遺産」である。分野によって異なる意味で用いられるが、ITの領域でいえば、ネガティブな意味合いで用いられることが多い。レガシーシステムという場合、「旧態依然として時代に合わないシステム(遺産)」というような意味で用いられる。

資やメンテナンス費用などを分けて考えなければならないが、基本的にIT
化自体は他の投資と同じく直接的には利益を減らすものである。ITシステ
ムは金食い虫である。DXもAIもこの部分は変わらない。

　では、なぜ利益を圧迫する投資を行うのかといえば、それ以上のリターン
が見込めるからである。IT化には「攻め」と「守り」があることは本文中
で記載したとおりである。「攻め」のIT化であれば、投資費用以上に売上向
上が見込めるから行う。「守り」のIT化であれば、IT化によってIT以外の
部分で投資以上の費用削減が見込めるから行う。実際には、「攻め」のIT化
によって、売上ではなくブランドイメージ向上など利益以外の物事をねらっ
たり、「守り」のIT化によって従業員の労働時間削減を行い、浮いた時間で
新規事業開拓に当たるといったこともできる。

　ただし、これらのことはすべてIT化だけで完結するのではなく、IT化に
合わせ、組織に何らかの変化を起こすから生じるものである。繰り返しにな
るが、IT化自体は費用であり、直接的・瞬間的には利益を減らすことは意
識することが必要である。

2.3　ITシステムを有効活用する戦略的要素（IT ケイパビリティ）

　本章の冒頭で述べたとおり、ITを準備するだけでは組織に競争上の優位を
もたらすことはできない。また、ITを有効に活用するためには、お金を投資
するだけでは不十分である。ITをシステムとして、すなわちITシステムと
してうまく稼働するようにする必要がある。では、個別具体的なテクニックと
してではなく、経営戦略として、すなわち企業の方向性としては、何を考える
ことが大事になるのだろうか。

　ITシステムを経営戦略的に捉え、必要な要素を探求する学術的な概念とし
て、ITケイパビリティがある。これは、組織が目的を達成するために必要な
ITシステムに関する組織能力である。もちろん、このITシステムに関する
組織能力は、その目的設定によって非常に多種多様なものがある。ここでは、

この組織能力について「IT インフラストラクチャー(モノ)」、「人的 IT 資源(ヒト)」、「関係資源(組織)」という極めてオーソドックスな 3 つの構成要素を念頭に説明する[18]。

- IT インフラストラクチャー：サーバー、通信環境、端末、ソフトウェア
- 人的 IT 資源：人員数、開発側のスキル、ユーザーのスキル
- IT 関係資源：IT に関する価値観や文化、コミュニティ

　本節で示したいものは、企業が戦略として考え、保有し蓄積し、育成していくべき IT システムに関する要素である。**第 1 章**でも述べたとおり、資源配分は経営戦略の次元の議論であり、これらは経営者が経営戦略として議論すべきものである。

2.3.1　IT インフラストラクチャー(物的 IT 資源)

　企業の IT システムを考えるうえでまず必要となるのは、IT システムに関する「モノ」の要素である。サーバー、通信環境、アプリケーション、データベースなど、客観的に存在を確認できるものの集合体とイメージしてもらえればよい。これを、IT インフラストラクチャーと呼ぶ。

　IT インフラストラクチャーは企業の IT システムについて明確に制約条件として働く。非常に身近なところであれば、個々人に与えられるパソコンのディスプレイの大きさや CPU、メモリの性能などもそうである。より大きなものであれば、組織に引き入れられている回線速度、利用することが許されているソフトウェア、などもあるだろう。

　IT インフラストラクチャー自体は模倣が比較的容易である。どれほど完全に可能かはともかく、物的な資源である以上は金銭的な投資によってある程度模倣できる。近年は企業外部のクラウドサービスを利用する企業も増えており、クラウドサービスであれば、同じサービスを利用することは容易である場合も多い。すなわち、表面的に利用サービスを真似るコストは下がっている。

---

18)　Bharadwaj(2000)、遠山曉編著(2007)を参照。

もちろん、企業内部に蓄積されたデータベースのようなものになると、模倣は困難ではある。

2.3.2　人的 IT 資源(人材)

人的 IT 資源とは、従業員の訓練や経験、関係性、データ分析能力などである。プログラミングスキルから、業務システムや業務プロセスの分析、新しい技術への適応力など非常に広い内容を含む。

この場合の人的 IT 資源とは、情報システム部門の要員のスキルだけを指すわけではない。むしろ、近年になればなるほど、DevOPS[19]などのように開発者と使用者の境界が曖昧になりつつあるため、IT システムユーザーの IT スキルも非常に重要となってくる。

人的 IT 資源の中でも、特に人が保有する IT スキルに関しては蓄積に長期の時間がかかる。優秀な人材をヘッドハンティングで連れてくることは可能であるが、多数存在する一般ユーザーのスキル向上には当然時間がかかる。

2.3.3　IT 関係資源(無形の IT 資源)

IT システムに関する組織的資源は、物的・人的資源とは違って目に見えないが組織に存在する無形の IT 資源である。具体的な無形の IT 資源には、IT に対する価値観、IT 利用のノウハウ、企業文化、IT 利用のコミュニティなどがある。

本節で解説している 3 つの資源の中でもっとも形成や模倣が難しいのが、この組織的資源である。ここまで述べたように、モノやヒトは、極論をいえば外部からお金で買ってくることが可能な側面がある。しかし、その企業の文化・風土や、組織として蓄積されたノウハウについては金銭で購入することが基本的に難しい。IT システムは特定のビジネス環境に合わせて構築される側面が

---

19)　DevOPS とは、「開発(Development)」と「運用(Operation)」をつなげた用語で、開発と運用の一体化、開発による運用、運用による開発などと理解される。開発から運用までのリードタイム削減や、運用実態に合わせた柔軟な開発などを目的として行われる。

あるがゆえに、他の組織と同じものであったとしても、同じように働く可能性
が少ないものでもある。

2.3.4　IT ケイパビリティの捉え方

　戦略的な視点から IT を見直す際には、本節で解説してきた IT ケイパビリ
ティの 3 つの構成要素の観点から見直すとともに、これら 3 つがどのように
組み合わさって組織の中に存在しているのかを捉えるとよいだろう。さらに、
現在の IT ケイパビリティが将来どうなるべきなのか、現在の IT ケイパビリ
ティが硬直化し、将来的にマイナスの役割を果たさないようにするためには何
が必要なのかを考えることも大事になる。IT ケイパビリティは企業の IT シ
ステムを戦略的に認識するうえで役に立つが、同時に、IT ケイパビリティ自
体のダイナミクス自体も捉えることが重要である。

2.4　IT によるビジネスの概念の変革

　経営戦略的な観点から、すなわち IT システムを資源として捉える視点であ
る IT ケイパビリティについては前項で記述した。しかし、IT ケイパビリティ
だけを理解しても、現在の IT の潮流、典型的には DX のような概念について
理解することは難しいかもしれない。ここで、簡潔にだがこれまでの IT シス
テムの概念の変遷を説明する[20]。

　まず、1990 年代までは MIS、DSS、SIS というように、IT が主導する企業
変革の概念が主流を占めていた。MIS とは経営情報システム、DSS とは意思
決定支援システム、SIS とは戦略的情報システムの略称である。MIS では企
業全体の情報処理の統合が意図され、DSS とは意思決定に貢献することを目
的とされ、SIS では競争優位を獲得することが意図されていた。これらのいず
れもが、IT システムが中心となって企業変革を主導するというようなもので

---

20)　遠山他(2015)を参照。

あった。

　1990年以降、IT先導型ではなく、ビジネスプロセスの見直しを主眼とする情報システム概念が普及することになる。かつてよく用いられたビジネスプロセスリエンジニアリング(BPR)は、ビジネス全体を見直すことを示す概念であり、それにITシステムが紐づいていた。DXもこの流れを汲むものであり、詳細は第3章で説明するが、中心はビジネスプロセスの見直しにある。

2.5　第2章のまとめ

　本章では、経営戦略的な観点からITシステムを捉えた。すなわち、個別の技術としてのITについてではなく、情報処理のための資源としてITシステムを捉えるとき、どのような点に注意しなければならないのかを解説した。まとめると、下記の3つとなる[21]。

- ITシステムに対する価値観として5つある。
- ITケイパビリティという概念がある。
- ITシステムはビジネスプロセスを見直す手段として捉える必要がある。

---

[21]　本章については、高橋(2003)、遠山(2007)、遠山他(2015、2021)を参考にしている部分が多い。より詳細に知りたければ、これらの書籍を参考にすることをお勧めする。

第3章

企業変革としての DX

3.1　DX 狂騒曲

　2022 年現在がどのような時代だったのか評価することは、2022 年がある程度遠い過去にならなければ難しい。しかし、2022 年の企業で流行している言葉を 1 つ挙げるとすれば、間違いなく「DX」は入るだろう。

　民間企業だけでなく、公的機関でも DX は注目の的である。経済産業省は「DX 銘柄 2022」を発表している。DX 銘柄とは「東京証券取引所に上場している企業（一部、二部、マザーズ、JASDAQ）の中から、企業価値の向上につながる DX を推進するための仕組みを社内に構築し、優れたデジタル活用の実績が表れている企業を、業種区分ごとに選定して紹介するものです。DX を推進している企業は、単に優れた情報システムの導入、データの利活用をするにとどまらず、デジタル技術を前提としたビジネスモデルそのものの変革及び経営の変革に果敢にチャレンジし続けている企業であり、当該企業のさらなる活躍を期待するもの」[22]である。

　このような現状にあるが、一方で企業の一般社員からは次のような声も多く聞く。

- DX で何かするように言われたが、何をすればよいのかわからない。
- PoC をするように指示があってたくさんしたが、何の役に立つのか。
- DX 名義にすれば、基幹システムも個人のパソコンも更新できて助かる。

　情報技術や経営情報に関する概念が爆発的に広がることは昔から繰り返されてきたことである。バズワードという表現をすることもできるだろう。もちろん、他の企業の事例となるような優れた革新、ひいては売上・利益の拡大に成功した企業や、面白い活用方法を実施している企業もある。しかし、バズワードに振り回されて苦しんでいる社員も多い。

---

22)　https://www.meti.go.jp/press/2021/11/20211105003/20211105003.html　（2022 年 3 月 30 日閲覧）

　本章では、DX とは何かについて検討し、その後で DX を理解するうえで必要になる概念や用語について解説する。

3.2　DX とは何か？

　DX とは、デジタルトランスフォーメーション（Digital Transformation）の略称であるが、DX に統一された定義はない。略称でさえも、日本では DX であるが、海外の文献では DT という表記をよく目にする。言葉の初出について、総務省の「情報通信政策白書 平成 30 年度（2018 年）」によると、ウメオ大学のストルターマンが提唱した概念とされる。初出文献の訳出をどうするかは多少ぶれそうだが、DX とは、「デジタル技術が引き起こすあるいは影響する、人間の生活のすべての局面における変化」[23]くらいになると考えられる。

　非常に意味が曖昧で何でも含んでいる言葉であるがゆえに、デジタル技術が指し示す内容も問題意識もすべてが論者によって変わる。情報システムを販売する企業であれば、自社の販売するシステムの利用を指して DX というだろうし、官公庁であればその省庁の問題意識や事例を指して DX と名づけるだろう。学術研究であっても、研究者の興味関心に対して DX のラベルを貼る。それゆえ、DX について頑健な定義なり捉え方なりを考えることにあまり意味は見出せない。

　しかし、ある程度共通認識となっている物事を探ることに意味はあるかもしれない。そこで、以降ではいくつかの文献を紐解きながら DX とは何かについて解説を行う。定義論争を行うつもりはないが、DX が非常に広い言葉、あるいはまとまりなく利用されている言葉であることが伝わると思う。あえていうならば、日本の DX 概念よりも海外の DX 概念のほうが広い傾向にある。

　DX の定義について、前述の Stolterman and Fors（2004）以外では、次のようなものがある。経済産業省（2019）は、「企業がビジネス環境の激しい変化に

23）　Stolterman and Fors（2004）より翻訳、引用。

対応し、データとデジタル技術を活用して、顧客や社会のニーズを基に、製品
やサービス、ビジネスモデルを変革するとともに、業務そのものや、組織、プ
ロセス、企業文化・風土を変革し、競争上の優位性を確立すること」(p.1)とし
ている。立本・生稲(2021)は、「デジタル技術の浸透が、生活や産業などのあ
らゆる分野をよりよい方向に変化させる」(p.7)としており、総務省(2019)は、
「ICTの浸透が人々の生活をあらゆる面でより良い方向に変化させる」(p.138)
としている。

　以降では、日本のDX概念に極めて大きな影響を与えたと考えられる「DX
レポート」・「DXレポート2(中間取りまとめ)」について解説し、その後に海
外の研究文献に基づいて海外の研究におけるDXの概念について解説する。

3.2.1　経済産業省の「DXレポート」・「DXレポート2(中間取りまとめ)」

　日本におけるDXの議論のきっかけであり、非常に大きな影響を与えたも
のとして、経済産業省が2018年に公開された「DXレポート」がある。この
レポートは、2020年に続編として「DXレポート2(中間取りまとめ)」も公開
されている。

　本項では、「DXレポート」および「DXレポート2(中間取りまとめ)」を参
考にしつつ、日本におけるDXの理解に必要な要素を解説していきたい。な
お、詳細に解説することは紙幅の都合上困難であるため、筆者なりの要約およ
び理解となる点はご注意いただきたい。

　「DXレポート」では、企業のレガシーなITシステムの存在がDXの明確な
阻害要因となっていると指摘している。また、ITシステムのレガシー化につ
いて、技術的な問題だけでなくマネジメントの問題であるという指摘をしてい
る。適切なメンテナンスを行っていればブラックボックス化しない可能性も指
摘しているし、最新技術を利用してもレガシー問題は発生することを指摘して
いる。

　一方で、最新のIT技術を用いてもPoC[24]に留まり、ビジネスの変革につな
がっていないという指摘も行っている。かなり強引ではあるが、DXレポート

における主な課題を抽出すると下記のようになるのではないだろうか。

- PoC の繰り返し
- IT システムのブラックボックス化
- 既存システムの高コスト化
- 全社最適できないシステム
- IT エンジニアのベンダー企業への偏在
- 技術的負債の存在

「DX レポート」の指摘事項は多岐にわたっており、企業それぞれに対するものから、ユーザー企業とベンダー企業の関係、人材の問題などさまざまである。ただし、一貫して主張されているのは、ビジネスの変革が必要でありながら、既存の IT システムのレガシー化がそれを阻害しているという点ではないだろうか。

「DX レポート 2（中間取りまとめ）」では少しトーンが異なっており、DX の本質を「単にレガシーなシステムを刷新する、高度化するといったことにとどまるのではなく、事業環境の変化に迅速に適応する能力を身につけること、そしてその中で企業文化（固定観念）を変革（レガシー企業文化からの脱却）することにあると考えられる」[25]としている。ただし、根本的な危機感自体は同じであり、「「2025 年の崖」問題の対処に向けて、企業文化を変革するある意味絶好（最後）の機会である。ビジネスにおける価値創出の中心は急速にデジタルの領域に移行しており、今すぐ企業文化を変革しビジネスを変革できない企業は、確実にデジタル競争の敗者としての道を歩むであろう。」[26]とする。

「DX レポート」も「DX レポート 2（中間取りまとめ）」も、中心に据えているのは日本企業のビジネス変革であるだろう。IT システムは確かに重要な要素であるし、IT システムによる変革阻害も取り上げられているが、中心にあ

---

24) Proof of Concept（概念実証）とは、新たなアイデアやコンセプトの実現可能性や効果などについて検証することである。
25) 経済産業省（2020）、p.3。
26) 経済産業省（2020）、p.4。

るのは企業の変革である。問題・課題が前提として存在し、その問題・課題の
解決を行うという流れで構成されていると見ることができる。

3.2.2　海外における DX の議論

　海外の DX に関しても、統一的な定義は存在しない。むしろ、海外のほう
が日本の DX より概念が拡大している側面がある。正直、議論は錯綜してい
る。というよりも、多様な解釈が可能な言葉であるため、その多様な解釈がで
き、自らの研究を自由に行える道具として DX を使っている節もある。かつ
て IT やイノベーションという言葉がそうであったように、定義が多様＝自由
に使ってよい言葉であることから、割と自由に DX という言葉は用いられて
いる。

　しかし、日本の DX と微妙にトーンが異なるのは、「2025 年問題」のような
レガシーシステムの問題に焦点が当たっていないからかもしれない。どちらか
といえば、膨大なデータの存在や技術革新、顧客のデジタル環境の変化などを
背景に、企業や経済、その他の領域の変革を起こすというシンプルな思想に基
づいている。あくまで学術研究中心の観測であるため、実際の現場がどうなっ
ているのか伺い知ることは難しいが、日本のように「既存のシステムをどうす
るか」という観点は海外ではあまり見られないように思う[27]。課題や問題を
原点とする日本に対し、技術の可能性や社会変化を原点とする海外という違い
があるというのは言い過ぎだろうか。

3.2.3　DX の捉え方

　ここまで見てきたように、DX は論者によって認識が異なる概念である。そ
のため、DX について誰かと議論ないし意思疎通を行う場合は、DX が何を指
し示しているのかを明確にすることが必要となる。企業内において「DX を進
める」という場合でも、何を問題意識とし、どこまでの範囲で、何をしようと

---

27)　Hanelt *et al.*（2021）、Vial（2019）、Nadkarni and Prügl（2021）などを参考。

考えているのか不明瞭であれば議論のしようもないだろう。

　一番手っ取り早い方法は、議論の関係者全員で「デジタルトランスフォーメーションの具体例」を挙げあうことだろう。企業でも社会事例でも何でもよい。単一の事例にする必要はなく、複数の事例で問題ない。大事なことは共通理解を作り上げることなので、抽象的な言葉を交わすのではなく、事例ベースで議論することが望ましい。

　もし事例が1つに絞れたなら、その事例を自社に適応することを考えればよい。しかし、もし複数の事例が挙がったのなら、それを整理することが必要となるだろう。整理の方法はどのようなものでもよいと思うが、下記のような項目を考えることが整理の一助になるのではないだろうか。

- DX を行う背景：組織内の理由なのか、組織外の理由なのか
- DX の対象：企業内、企業外、部門、チーム、顧客など
- DX に必要な資源：予算、人員、技術、スキル
- DX のプロセス：デジタル戦略の構築、デジタルイノベーション
- DX に利用する技術：クラウド、API、自働化
- DX の結果：組織内（売上、利益、組織体制）、組織外（顧客満足）

　あくまで筆者が先行研究などから考えたものであり、必要な要素は付け加えればよい。大事なことは、DX に関する共通認識を作ることである[28]。

3.3　DX を理解するための概念

　DX 自体は「何でもあり」の言葉であり、特定の理論や概念に紐づけられるものではない。しかし、DX を理解あるいは利用するうえで、知っておくとよい周辺概念も存在する。ここでは、それらについて紹介する。

---

28)　なお、このような共通理解を作るという作業は、DX に限らず曖昧な言葉に関しては必ず必要なことだと考える。定義を定める必要性まではないかもしれないが、同床異夢にならないようにしなければ仕事は回らないだろう。このような作業をおろそかにすると、肝心なタイミングで「それじゃない」と言われ、面倒になるだけである。

3.3.1　アジャイル

　アジャイル（Agile）とは、元来はソフトウェア開発の方法である。ウォーターフォール開発と対置される形で、厳密な要件定義に端を発する一方向・一度きりの開発工程ではなく、要件の分析、設計、実装、テストを常に連続的・反復的に行う方法を指すものである。

　ただし、アジャイルは単なる開発ツールではない。「アジャイルはフレームワークであり、心構えであり、ソフトウェアを無駄なく、早く届ける手法だ」[29]とあるように、アジャイルにはチームメイキングから具体的な開発手法まで含まれるものである。

　このアジャイルの哲学は、下記のアジャイルマニフェストによく表れている[30]。

　「私たちは、ソフトウェア開発の実践あるいは実践を手助けをする活動を通じて、よりよい開発方法を見つけだそうとしている。この活動を通して、私たちは以下の価値に至った。

　プロセスやツールよりも個人と対話を、

　包括的なドキュメントよりも動くソフトウェアを、

　契約交渉よりも顧客との協調を、

　計画に従うことよりも変化への対応を、

価値とする。すなわち、左記のことがらに価値があることを認めながらも、私たちは右記のことがらにより価値をおく。」

　さらに拡張して、俊敏性や柔軟性のある組織をアジャイルな組織、あるいはアジャイル型組織と呼ぶことがある。DXによる組織変革によってめざすべき組織のあり方として捉えられることもあれば、DXを行うために必要だとされることもある。

29）　Rasmusson(2010)、邦訳、p.xi。
30）　https://agilemanifesto.org/iso/ja/manifesto.html より引用。

3.3.2　リーン

　経営学的な意味合いでのリーンとは、元来はリーン生産（Lean Production）を指す言葉であり、トヨタ自動車の生産方式から抽出された生産方法を指す。トヨタ生産システムがもっていた、権限や責任の移譲を伴うチーム組織による情報共有や改善、それをベースとした不断のコスト低減活動や、不良・在庫ゼロ、製品多様性の確保、最終的には多品種少量生産にたどり着く全体像を指して、リーン生産と呼んでいた。

　このようなリーン生産を原点として、「無駄のない」活動をリーンと捉え、経営や起業、デザインなどに取り入れていく流れが生まれた。特に有名なものとして、リーンスタートアップがある。Rise(2011)は、失敗の多いスタートアップに用いる経営手法として、構築−計測−学習というフィードバックループを元に継続的に調整を行うというマネジメント方法を提示した。

3.3.3　デザイン思考

　デザイン思考（Design thinking）[31]とは、課題解決にデザイナーの思考方法を拡張、利用するというものである。デザイン思考の内容は非常に多岐に渡るが、もっとも基本的な考えは、「共感」、「問題定義」、「アイデア創出」、「プロトタイプ」、「テスト」の5つの段階からなるプロセスあるいはループを周回することにより、課題解決をするというものである。

　共感とは、ユーザーの行動観察によるニーズ発見であり、問題定義とは、共感に基づいて本質的な課題を明確にすることである。アイデア創出では課題解決のアイデアを見つけ、プロトタイプでアイデアを形にし、テストとしてユーザーに試行してもらう。このようなループを高速周回することで、複雑な問題の解決をめざすという考え方である。

---

31)　Brown(2009)を参考。

マネジメント手法の流行

マネジメント手法には流行が存在する。技術の発展や特定企業が採用したからなど、背景はどうあれ、時代とともに有力と見なされる手法は変遷している。

現在流行しているアジャイル、リーン、デザイン思考に共通していることは、環境の劇的な変化を前提とし、事前に明確な計画を立てることが困難であるということを念頭においている点ではないだろうか。

さらに面白い点は、これらの手法が高速での試行を通じた改善を志向している点である。一昔前に流行し、今や変節してさまざまな弊害を生み出しているPDCAが本来試行していたであろう改善的なアプローチを、むしろアジャイルやリーン、デザイン思考が引き継いでいるのである。表現や細部を見ていけば当然異なっているし、IT分野、芸術分野、自動車産業と背景は異なっているため、非常に無理のあるまとめかもしれないが、根底には高速で試行（実験）するという考えがあるように思う。

究極的には、どのような手法を使ってでも「環境に合わせて改善（変化）することが必要」なのである。その意味でいえば、PDCAを高速で回せるならあえてアジャイルやリーンは必要ないかもしれないし、逆に旧態依然とした体制のままであれば、アジャイルやリーンと唱えても無意味なのかもしれない。もちろん、何の理想も目標も到達点も考えないマネジメントは、行き当たりばったりであるため、考えなしの改善を推奨するものではない。

3.3.4　デジタルデバイド

デジタルデバイド（Digital divide）とは、ITを使いこなせる人とそうでない人の間の格差である。どちらかといえば国家や地域など公共サービスとの関係で用いられるこの言葉であるが、高齢化社会が進み定年が延長され続ける日本において、DXという観点から考えるならばいくつもの論点がある。

　例えば、顧客の間にあるデジタルデバイドをどうするのかが非常に大きな問題となるだろう。どちらかといえば懇切丁寧なサービスを売りにすることが多い日本企業であるが、顧客のさまざまな情報環境に対応し、できる限り取りこぼしを防ごうとするとコストが飛躍的に増大する。今後、ある程度、自社の顧客と見なせない人を切り捨てることが必要になる可能性が高いが、果たして日本企業にできるのだろうか。

　また、企業内におけるデジタルデバイドも問題となる。終身雇用が崩壊しつつあるとはいえ、海外に比べて長期継続雇用が日本ではある程度基本として存在する。継続雇用は社内の技術やスキルの継承に役立つ側面がある一方、新たなスキルの導入や利用の妨げとなることが多い。新しい知識をもった社員が入ってきても、その知識の利用が認められなければ何の意味もない。本来は社員教育や研修によって社内の技術やスキルの向上を続けられればよいが、余裕のない日本企業においてはそれも難しい。結果的に、企業内に常にデジタルデバイドが存在し、それがDXの妨げとなることが容易に予想できる。

3.3.5　DX に関連する概念の傾向

（1）　DX と改善

　これまで紹介したアジャイル、リーン、デザイン思考などの方法論は、環境変化に柔軟に対応するためのものということができる。実験や修正、高頻度での試行のループを回すことを通じて、企業が外部環境の変化に対応することをめざしている。企業というシステムを小さく開発し、検証し、改善し続けるかというための方法論という性質が強い。DXの根底には改善の思想が確かに存在する。

　一方で、「DXレポート」には次のような批判がある。「我が国企業は、成長時代に品質管理（QC、QA）手法を積極的に取り入れ、これを元に現場力に磨きをかける「改善活動」に注力してきた。その結果は多くの成果を生むとともに、システム改修による複雑化の一因ともなってきた。また、「改善活動」からのシステム改修はそのときの環境条件やユーザーの利便性を追究したものが

多く、「過剰サービス」「過剰品質」の要因ともなってきた」[32]。すなわち改善の思想が日本企業を駄目にした可能性も指摘されているのである。

（2）　日本企業が改善してきたもの

日本企業は生産現場やそれに紐づく改善は行ってきたが、それ以外の改善を行えなかったのではないだろうか。情報システムにしても、現場の情報システムは改善が行われてきたが、それ以外の部分については改善可能な形を模索することができなかったのではないか。改善が悪いのではなく、日本企業が行えなかった改善を海外企業は可能としたのではないかと考える。アジャイルは情報システムの改善を、リーンスタートアップは起業の改善を、デザイン思考は製品開発全体の改善を可能としたのではないだろうか。

ただし、日本においてはそのような柔軟な改善がそう簡単ではない事情があった可能性もある。もちろん、その原因について 1 つに絞ることはできないが、特に大きな要因としてデジタルデバイドは押さえておく必要がある。少子高齢化が進むということは、必然的に最新のデジタル機器に対応できない人々が社会の主流を占め続けるということを意味する。企業においても年齢構成をよほどうまくしない限り基本的にその傾向は続く。社員教育などによってデジタル機器への対応能力を企業として底上げし続けないと、必ずデジタルデバイドが、より正確には IT をうまく扱えない人々がボトルネックとなるだろう。

3.4　第 3 章のまとめ

本章では、DX について説明を行った。まとめると、下記の 3 つとなる。
- DX はビジネスプロセスの変革である。IT 導入だけでは意味がない。
- DX について概念議論は意味がない。共通理解を作る必要がある。
- 改善が DX の根幹に存在する。ただし、従来の改善とは異なる。

---

32)　総務省（2018）、p.11。

第Ⅱ部

仕事の仕組み

第Ⅱ部の概要

　第Ⅱ部では、仕事の仕組み(有効性)について説明する。企業の中では多数の人々が、さまざまな仕事を行っている。これらの仕事は仕組みとして関係を構築され、整理されることによってはじめて企業の目標達成に寄与することとなる。企業の活動の方向性が定まっていても、個人の仕事がうまくつながっていなければ目標を達成することはできない。また、どれほど優れたデータ分析を行うことができても、仕事に組み込まれなければ意味がない。

　第Ⅱ部の知識は、企業全体または個人における仕事の仕組みをどのように認識するか、さらに仕事の仕組みを考えるうえで知っておくべき IT について解説するものである。

第Ⅱ部の目次

　第Ⅱ部の各章で解説している内容について語弊を恐れず端的にまとめると、次のようになる。

　第4章　ビジネスモデル

　儲けるための仕組みについて解説する。

　第5章　オペレーションズ・マネジメント

　仕事の仕組みを見直す視点について解説する。

　第6章　オペレーションとIT

　仕事の観点から IT について解説する。

第4章

ビジネスモデル

4.1　儲ける仕組みを考える必要性

　日本ではお金の話をすることに対する拒否感がまだ残っている。金儲けを考えることは罪悪であり、利益を上げることはあまりよいことではないという風潮もある。組織の種別を問わず、採算性や利益について話すと嫌な顔をされることも多い。

　しかし、利益は絶対に必要である。もちろん、これは利益極大化を意味しているのではない。利益がなければ新たな投資も行えないし、事業がそのままの状態ということは社員にとっての給料も上がる見込みがない。経営学で著名なドラッカーの言葉を借りれば、「利益とは企業存続の条件である。利益とは、未来の費用、事業を続けていくための費用である」[33] という側面をもつ。事業継続のためにも活動改善のためにも、儲けは大事である。

　経営戦略は企業の方向性を決めるものであり、その中で詳細に儲けの仕組みについて語られることは少ない。一般に、企業の儲けの仕組みをある程度抽象的に表したものはビジネスモデルと呼ばれる。本来、ビジネスモデルは経営者のみならず全社員が知っておくべき会社の仕組みだが、下記の質問に答えられない企業人もよくいる。

- 企業が全体としてどのような仕組みで儲けているのか？
- ライバル企業と最も異なる点は何か？
- 誰から、何を解決することで対価を得ているのか？
- どのようなパートナー企業に依存しているのか？

　本章では、ビジネスモデルについて解説する。最初に、概念について説明した後、ビジネスモデルの描き方を解説する。その後、ビジネスモデルのパターンについていくつか紹介する。

---

33)　Drucker(1973)、邦訳、p.148。

4.2　ビジネスモデルとは何か？

4.2.1　ビジネスモデルの位置づけ

　ビジネスモデルとは、文字どおりビジネスの仕組みを抽象化（モデル化）したものである。どのような視点からどの程度の抽象化を行うかはいくつも方法が存在するが、複雑なビジネスをある程度単純化することを通じて、既存のビジネスの限界や新規ビジネスの可能性を探求する際に用いられる。当然のことならが、ビジネスモデルと第I部で述べた経営戦略、特に事業戦略は密接な関係がある。

　事業戦略が事業の方向性や敵・味方を決めるものならば、ビジネスモデルは事業の設計図であり、「儲けの仕組み」を考えることである。なお、ビジネスモデルを「儲けの仕組み」と表現することは、ビジネスモデルの本来もっている対象範囲を狭めることである。ただし、筆者は「儲けること」を特に考えなければならない、あるいは儲けることを無視したビジネスモデルに意味はないと考えているため、あえて「儲けの仕組み」と表現している。莫大な儲けを上げる必要性はないが、儲からない企業の存続は難しい。

4.2.2　ビジネスモデルの描き方

　ビジネスモデルの描き方に決まったものはない。どのようなものであれ、事業全体の仕組みを描くことができていればよい。企業の種類によっても描くべき内容は恐らく違いがあるだろうが、一般的に営利企業であれば、儲けの仕組みがしっかりと描かれることが必要不可欠となるだろう。

　ここでは、ビジネスモデルの描き方について2つのツールを紹介する。

（1）　ビジネスモデルキャンバス

　ビジネスモデルキャンバスは、**図4.1**のように、ビジネスモデルを9つの要素に分割して捉えるものである。単にこの表を埋めていくだけでなく、それぞ

出典）　アレックス・オスターワルダー・イヴ・ピニュール著、小山龍介訳：『ビジネスモデ
　　　　ル・ジェネレーション　ビジネスモデル設計書』、翔泳社、p.44、2012 年

図4.1　ビジネスモデルキャンバス [34]

れの要素を線でつないだり、結びつけたりしながら議論を深めるツールとなっ
ている。

　ビジネスモデルキャンバスにおいても全体の一貫性は重要となるが、どちら
かといえば個々の要素を詳細に描くことで、ビジネスをより正確に捉えられる
便利な手法であろう。

（2）　9 セル

　9 セルとは、**図 4.2** のように縦横 9 マスを埋めていくことによってビジネ
スモデルを検討するものである。ビジネスを作り出す要素としての「顧客価
値」、「利益」、「プロセス」と、ビジネスに必要な要素として「Who」、「What」、
「How」の組合せによってビジネスの仕組を考えるものである [35]。

---

34)　https://www.strategyzer.com/canvas/business-model-canvas において、CC BY-SA 3.0
　　（https://creativecommons.org/licenses/by-sa/3.0/）にて英語版は公開されている。
35)　川上（2013）、p.41 を参考。

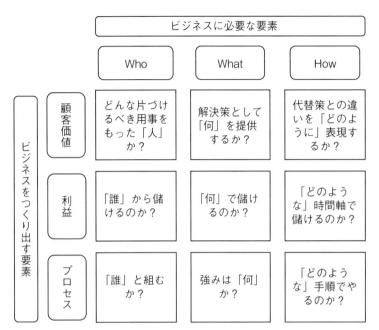

出典）　川上昌直：『儲ける仕組みをつくるフレームワークの教科書』、かんき出版、2013 年、
p.39 より筆者作成

図 4.2　9 セル

9 セルはそれぞれのセルに対応する平易な質問に答えていくことで、ビジネ
スモデルを可視化して考えることができるツールである。うまく回っているビ
ジネスモデルであれば 9 つすべての質問に迷いなく答えることができるだろ
う。逆に埋められないセルがあるということは、ビジネスモデルとしては欠点
を抱えている可能性を示唆する。

MMK の精神

MMK とは「儲かって、儲かって、困る」の略称である。当然のことだ
が、正式な学術用語や辞書に載るようなものではなく、企業で用いられてい

たスラングである。

　スラングなので初出を厳密に確認することは困難だが、少なくとも 1960 年代には使われていたようだ。石川 (1964) は、形式的な品質管理を批判し、企業の体質改善のための品質管理、ひいては「MMK の品質管理」を行うことを主張している。品質管理を IT、AI、DX、データサイエンスなどに置き換えれば、現代でもごく普通に通じる考え方ではないだろうか。

　非常に古いスラングであり考え方ではあるが、MMK 自体は現在でも重要視すべきものだと考える。どれほど品質の素晴らしさを勝ち誇っても、あるいは QCD や SDGs の質の高さを誇っても、儲からなければ企業は存続できない。持続可能でないということは雇用をまもること、ひいては貧困から人々を守ることもできない。表面だけ綺麗な社会貢献よりも、古来より言われている「雇用をまもる」という社会貢献のほうが、SDGs の 1 番目にある「貧困をなくす」に貢献していると考える。

　繰り返しになるが、MMK は大事である。MMK を実現するために、儲けの仕組みであるビジネスモデルを考えることも大事である。

　なお、MMK にはもう一つの解釈として「モテて、モテて、困る」というものもあるらしい。

4.2.3　ビジネスモデルの活かし方

　ビジネスモデルをうまく利用し、活かすポイントは、常にビジネスモデルを見直し続けることにある。「ほとんどの専門家が「仮説検証のサイクルを回す」という点で意見が一致しているのです。特に近年は、小さく、早く、安く、回すことが賢い回し方だといわれています。」[36] という指摘もある。第 3 章でも述べたことだが、近年のマネジメントに関する思想は、環境変化への対応を念頭に、高速で試行および改善することを中心としている。ビジネスモデルも同様で、一度作成して終わりではなく、試行と検証による絶えざる改善、改革が

36）　井上 (2019)、p.100 より。

必要とされる。

4.3　ビジネスモデルを考えるうえでの基本的な概念

　ビジネスモデルは企業の数だけ存在するため、細かく分類すれば無数に挙げることができる。また、ビジネスモデルを詳細に分析した書籍はすでに数多く存在する。ここでは、IT の動向や DX なども念頭に、ビジネスモデルを考えるうえで押さえておくべき基本的な概念について紹介する。

4.3.1　垂直統合・水平分業

　事業の範囲に関する概念として、垂直統合と水平分業がある。

（1）　垂直統合

　垂直統合とは、サプライチェーンの上流から下流に向けて活動を統合するビジネスモデルである。

　垂直統合は取引費用の削減や情報共有に有効とされる。多数の部品を取引しなければならない場合や、情報秘匿を測りながら協働しなければならない場合、高度なすり合わせが必要な場合などに有効とされる。また、製品提供の流れを一貫してコントロールできるため、早さを求めることも可能となる。服飾産業で用いられる SPA（Speciality store retailer of Private label Apparel）なども、この垂直統合の一つの形である。

（2）　水平分業

　水平分業とは、サプライチェーンの特定箇所に自社が特化し、それ以外を他社に任せ、市場取引によって行うビジネスモデルである。企業ごとに専門特化することにより効率の向上を図ることが目的である。各プロセスを異なる企業が担当するため、プロセス間での情報の共有は難しいことも多いが、競争によるコスト低下をめざすこともできる。OEM（Original Equipment Manufacturer)もこの水平分業の一つであると捉えることができる。

　なお、コロナ禍によって、以前と同様の水平分業が成立するのかは不透明である。ただし、IT化により分業がより容易になった側面はある。

4.3.2　コスト低減に関する概念

　コストによって他社を圧倒するビジネスモデルの場合、言い方を変えると市場でコストリーダーとなる場合、コスト低減の仕組みがもっとも重要となる。いろいろな方法が存在するが、一般によく説明されるのが以下の5つの形（5つの経済）である。

- 規模の経済：たくさん作れば安くなる（例：鉄鋼）
- 範囲の経済：一緒に作れば安くなる（例：家電、印刷機器）
- 学習の経済：経験を積めば安くなる（例：駄菓子）
- 密度の経済：狭くすれば安くなる（例：コンビニの立地）
- 速度の経済：早くすれば安くなる（例：ファストファッション）

（1）　規模の経済

　規模の経済とは、「ある製品の生産・販売の規模を拡大することによって、生産・販売にかかわる費用、特に単位当たりの費用が減少する」[37]という効果であり、固定費が大きい産業や、規模が拡大しても費用がそれほど増加しない産業において有効に働く効果である。「たくさん作れば安くなる」という効果である。

（2）　範囲の経済

　範囲の経済とは、「取り扱う製品範囲の増加が経済性をもたらす」[38]という効果である。典型的には、製品製造で副産物が発生する場合や、共通部品が存

---

37)　網倉・新宅(2011)、p.166。
38)　網倉・新宅(2011)、p.169。

在する製品などでよく起こる効果である。「一緒に作れば安くなる」という効果である。

（3）　学習の経済

学習の経済とは、経験効果とも呼ばれるものであり、累積する生産経験によって製品製造の効率が向上し、安価に作ることができるという効果である。「経験をつめば安くなる」という効果である。

（4）　密度の経済

密度の経済とは、特定の地域に集中することで、物流コストや広告コストを抑えるという効果である。「狭くするほど安くなる」という効果でもある。

（5）　速度の経済

速度の経済とは、オペレーションの速度を上げることにより、売れ残りや廃棄を削減するという効果である。「早くするほど安くなる」という効果でもある。

4.3.3　ネットワークに関する概念

（1）　ネットワーク外部性

IoT に限らず、インターネットはありとあらゆるものをつなげ続けている。このようなつながりをネットワークと呼び、単独の商品・サービスだけでは説明できない独自の現象・影響が発生する。そのような現象・影響をネットワーク外部性と呼び、「特定の経済主体が、自らとは関係ない他の経済主体の行動から影響を受けること」[39]を指す。

このネットワーク外部性には直接効果と間接効果がある。

---

(2)　直接効果と間接効果

　直接効果とは、ネットワークの大きさが便益の増大を増すものである。典型的には電話や Line などの通信サービスである。そのネットワークの利用者が増えれば増えるほど、利用者にとってのメリットが大きくなる。それゆえ、直接効果が大きな影響をもたらすと考えられる事業においては、浸透価格戦略や極端な低コスト戦略、場合によっては時間限定での無料化などを行い、利用者を増やすように努める。電子決済におけるキャッシュバックキャンペーンや、動画投稿サイトにおける無料・無広告によるサービス提供などが典型である。

　間接効果とは、ネットワーク規模に応じて、補完財の量や質が影響され、結果的に利用者の便益に影響を与えるというものである。スマートフォンの iOS と Android の競争が典型的であり、いかにしてアプリの量や質を向上させるかがネットワークの利用者数に影響を与えるというものである。

(3)　デファクトスタンダードとデジュールスタンダード

　ネットワーク外部性が働く事業あるいは産業では、デファクトスタンダード（事実上の標準）ないしデジュールスタンダード（公的機関による標準）をとることが重要になる場合がある。あるいは、標準とまでならなくとも、市場の中で優勢・劣勢が明確になると、優勢なネットワークに利用者が流れやすくなり、特定のネットワークがさらに優勢になることもある。

4.4　デジタル化時代のビジネスモデルの特徴

　インターネットおよび情報処理機器の発達により、情報通信のコストは飛躍的に低下した。それに伴い、距離や時間の制約が取り払われ、従来とは異なるビジネスモデルも出現している。あるいは、従来からあったビジネスモデルが少し変化したものもある。

　また、顧客データの収集をビジネスモデルに組み込んでいることも非常に多い。現代においては、データ分析手法よりも収集したデータ自体に価値があ

る。いかにしてデータを集めるかが重要となる局面が多く、そのためにビジネスモデルを変化させているようにも見受けられる。

　本節では、デジタル化時代において最低限押さえておくべきビジネスモデルに関連する概念について説明する。

4.4.1　プラットフォームビジネス

　プラットフォームとは，取引や情報交換などの基盤となるものを指す。プラットフォームビジネス自体は昔から存在し、もっとも一般的なものは「寝ながらでもお金が入ってくるビジネス」[40]のように表現されることもあるクレジットカードだろう。このようなプラットフォームは、大きく以下に示す媒介型(多面型)プラットフォームと基盤型プラットフォームの2つに分けることができる。

(1)　媒介型プラットフォーム

　媒介型プラットフォームまたは多面型プラットフォームとは、2者以上の異なる性質をもつ主体(プラットフォーム利用者)を結びつけるものである。典型的には、Amazon や楽天のような出店者と買い物客を結びつけるものや、Uber のようにサービス提供者と利用者を結びつけるものがある。媒介型プラットフォームには、利用者にとって、直接取引を行う以上の価値を提供することが求められる。

(2)　基盤型プラットフォーム

　基盤型プラットフォームは、「各種の補完製品と合わさって顧客の求める機能を実現する、基盤となる製品」[41]である。Windows や Mac などの OS、Android や iOS、Google Play や Apple Store なども入るだろう。基盤型プラット

---

40)　「チャリンチャリンビジネス」や「ストックビジネス」などと表現されることもある。
　　なお、「ストックビジネス」の反対語は「フロービジネス」とされる。
41)　根来他(2020)、p.70。

フォームの最大の特徴は、基盤型プラットフォーム単体では価値をもたないことである。ゲーム機はゲームソフトが必須だし、パソコンはアプリケーションがなければただの箱である。そのため、いかにサードパーティを巻き込むかが重要となる。

　近年は API を公開することによって、自社のデータをプラットフォームにすることも行われている。また、複数企業が合同で API を通じて情報を集積し、プラットフォームを構成して、共同利用するような例も見られる。

　デジタル化前からプラットフォームを構築するビジネス、利用するビジネスは存在した。現在は、IT 化によりプラットフォーム構築のコストが比較的安価となっている。もちろん、大規模なデータベースや API であればコストも応分にかかるが、小規模なものであればそれほど難しくはない。

4.4.2　ロングテールとスーパーニッチ

　インターネットの普及・発展により、世界中の顧客を相手に商売を行うことが比較的容易となった。もちろん、地域や地場に根づく観光業などでは難しい側面もあるが、宅配サービスを使えるようなもの、オンラインで完結できるものであれば、世界を市場として見ることも不可能では決してない。世界全体に市場を広げることができれば、仮に各国での需要が極小であっても、総量としてビジネスとして成り立つ市場を捉えることができる。そのような極めて限られた需要を対象とするビジネスモデルに関する用語として、「ロングテール」や「スーパーニッチ」がある。

　ロングテールとは、ニッチ商品であっても多品種を取り扱うことにより大きな収益を生み出すという現象である。この前提には、IT 化による在庫取り扱いの手間・コストの軽減が必要となる。図 4.3 にロングテールのイメージを示す。

　スーパーニッチとは、極小領域においてダントツのシェアをもっている企業を指す。世界的な市場におけるスーパーニッチはグローバルニッチトップと呼ばれ、経済産業省などが発表している。スーパーニッチにおいては、きわめて

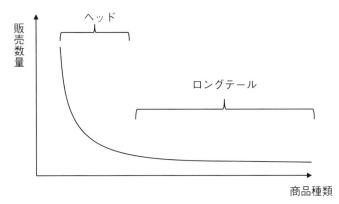

出典）クリス・アンダーソン著、篠森ゆりこ訳：『ロングテール』、早川書房、2014 年、
　　　カバー図を筆者改変

図4.3　ロングテール

特殊な需要を対象とした商売を行うことにより、特化した市場で高いシェアや
利益を確保する。ただし、特化した市場は売上も限られる側面があるため、自
社のビジネスとして利益が出るか、成り立つかどうかは検討する必要がある。

4.4.3　収益機会の多様化

　顧客から対価を得るための手段自体は、デジタル化が進んでも根底部分にお
いては変化していない。大きく分けると、3 つになるだろう。
- 売り切り型：対価の回収を一括で行う。
- 定額プラン型：対価の回収を一定期間ごとに行う。
- 変動型：対価の回収を、一定期間の利用量に応じて変化させる。

　売り切り型は対価の回収を 1 回で行うため、回収のコストを小さくすること
ができる。定額プラン型は、一定期間ごとに対価の回収を行うため、利用者の
負担を軽くすることができる。変動型は定額型以上に利用者の負担を軽減する
ことができることもある。

　2022 年現在、さまざまなサブスクリプションが流行しているが、これは定

額制の一種であることが多い。企業からすると、定額制維持のためのコストが
定額制によって得られる収益を下回れば実施する意味が出てくる。加えて、顧
客の利用情報を継続的に集めることができるし、その情報を利用して新たなビ
ジネスを考えることもできるかもしれない。

　クラウドコンピューティングの発達により、比較的柔軟にコンピューティン
グ資源の拡大や縮小を行うことができるようになった。従来であれば、ピーク
に合わせてサーバーを確保する必要があったが、現在であれば契約プランの変
更で対応することも可能である場合が多い。それゆえ、変動型のサービスも増
えつつある。

　支払い体系の変化と合わせて、「モノからコトへ」という流れは一つの流行
になっている。サービス化（サービタイゼーション）と呼ばれることもあれば、
「as a service（サービスとしての）」という表現がなされることもある。商品販
売だけでなく、商品販売と保守や、商品をレンタルしてレンタル料をもらうな
どの形態が多い。

　定額型、変動型のサービスも、決して新しいものではない。冠婚葬祭におい
て必要とされる服飾・装飾は、販売する場合もあれば、レンタルする場合もあ
る。昔からある富山県の配置薬も、商品を売るのではなく使用した分を後で請
求する、すなわち薬の利用というサービスを変動型で売っていると捉えること
のできるものである。

　このように、ある一時点において商品ではなくサービスを提供する例は昔か
らたくさんある。ただし、現在のサービス化の特徴は、IT を用いて顧客の情
報を収集できることに最大の違いがある。

4.4.4　フリーミアム、投げ銭モデル

　このビジネスモデルには、以下のようなものがある。
- 有料モデル：商品に対して対価を請求する。
- フリーミアム：基本無料で一部有料。
- 投げ銭モデル：商品と対価は結びつかず、任意で支払いを行う。

- 無料モデル：顧客以外から対価を得る。

フリーミアムとは、Free と Premium が合わさった造語であり、基本的には製品・サービスを無料で提供するが、そのうちの一部、または一定期間経過後に有料で提供するものである。有料サービスで無料サービス分の費用も賄うという形である。

このビジネスモデルのもっとも代表的な例がソーシャルゲームだろう。ソーシャルゲームの多くが、基本プレイは無料という形であり、ゲームを効率的あるいはより楽しむために必要な要素には有料(課金)が必要、という形をとっている。なお、ソーシャルゲームでは一部の課金者が収益の多くを占めている(パレート的)になっているといわれる。

一方で、ビジネス系の IT ツールの課金モデルは、ソーシャルゲームとは異なり、広く薄く取る形が多い。月額数千円程度で有料サービスに切り替えられる形となっていることがよくある。

より広く捉えると、部分的に無料化あるいは低価格化することと、異なる箇所で有料化することで収益を上げるモデルは他にも存在する。サービスは無料であるが広告を見ることが求められる TV やラジオも、無料モデルのビジネスモデルと見ることもできる。

これらのビジネスモデルの特徴は、利益を上げるところと、そうでないところを組み合わせるという点にある。商品提供は安くしてアフターマーケットで儲ける形もあるだろう。ひげそりの替え刃モデルも、利益を上げるポイントを商品販売自体とずらすビジネスモデルということができる。

4.5 第 4 章のまとめ

本章では、ビジネスモデルについて説明を行った。まとめると、下記 2 つとなる [42]。

---

[42] 本章については、井上(2019)、網倉・新宅(2011)、根来他(2020)を参考にしている部分が多い。より詳細に知りたければ、これらの書籍を参考にすることをお勧めする。

- 儲けの仕組みを考えることが大事である。
- ビジネスモデルの基本パターンは知っておくと便利である。

第5章

オペレーションズ・
マネジメント

5.1　日々の仕事を見直す必要性と方法

　第Ⅰ部で述べたように、企業の方向性を定める経営戦略は重要である。しかし、一方で、十分な資源や方向性が示されていても、それだけでは十分な収益を上げられないことも多い。ビジネスモデルも、実際に駆動させるためには個々の作業の連鎖、すなわちオペレーションが必要不可欠である。

　日々の仕事の改善、より正確には日々の仕事の仕組みを分析し、よりよくしていくために役立つものがオペレーションズ・マネジメントである。経営戦略やビジネスモデルなどと比較すると、どちらかといえば一般社員や現場管理者にとって特に有益なものである。

　オペレーションズ・マネジメントをあえて日本語に翻訳するならば「業務管理」というところだろうか。詳細は後述するが、生産管理を源流として誕生したこの学問は、企業のオペレーションの改善を通じ、最終的に QCDFESM（品質、コスト、納期、柔軟性、環境、安全、信頼・やる気）を向上させることを目標に、行うべき活動や管理についてさまざまな議論を行っている。元々は、生産現場だけの議論だったが、現在の企業においては現場だけでは不十分であり、企業全体のもつさまざまなオペレーションを検討する必要が自然と生まれた。結果として、現代のオペレーションズ・マネジメントは生産管理を源流としながらも、さまざまなオペレーションの管理を検討する学問になったといってよい。少し抽象的な表現になるかもしれないが、オペレーションズ・マネジメントは企業の仕事の流れの管理という表現もできるだろう。

　本章では、さまざまなオペレーションのマネジメントに共通する基本的な概念の解説、ひいてはオペレーションを捉える際の考え方について示す。具体的には、下記のような悩みがある場合、本書の考え方を元に一度仕事の流れを見直してほしい。

- 日々の仕事が忙しくて、イノベーション活動が行えない。
- 毎日一生懸命働いているのに、成果が上がらない。

- 自分は最大限の仕事を行っているのに、部署の評価が上がらない。
- 自部署の改善活動について、他部署からクレームが入る。

5.2　オペレーションズ・マネジメントとは何か

　オペレーションの定義も論者によって異なる。例えば、「企業の狭義の生産活動のみをさすのではなく、マーケティング、財務、研究開発等のあらゆる経営活動を包含し、また営利企業のみならず非営利組織体の諸活動も含めた極めて幅の広い概念である。」[43]とされる。あるいは、「オペレーションズマネジメントとは、投入物（input）を産出物（output）に変換することにより、製品やサービスの形で価値を生み出す一連の活動を管理することである。」[44]というような定義もある。オペレーションとプロダクションを分けて、オペレーションを「無形のサービスの生産」、プロダクションを「有形の製品を生産する製造業の生産」として捉えることもある。「オペレーション（operation）という語は、ビジネスやその他の生産的な活動の一つの段階（phase）を意味している。全体のオペレーションについて考えるばあいもあるが、また、あるオペレーションの一部分に限定される場合もある。」[45]という形でも説明されている。

　オペレーションをどのように捉えるかの多様性はあるにせよ、オペレーションズ・マネジメントがめざすものは、仕事をいかに管理するかというところにある。オペレーションズ・マネジメントとは、企業をオペレーションの集合体として捉え、それぞれのオペレーションを管理・運営することの総称である。イメージとしては、**図5.1**のような形である。

　本章では、このように企業のオペレーションを管理するときに用いられる基本的な考え方や概念について説明する。当然ながら、生産管理や研究開発、販売など、それぞれのオペレーションごとに研究は行われており、違いもある。

---

43)　松田（1969）、pp. i 〜 ii。
44)　髙桑（2015）、p.3。
45)　Greene（1967）、邦訳、p.1。

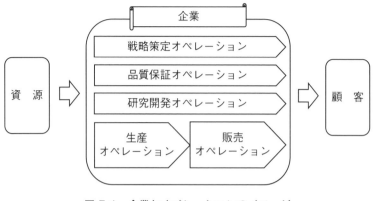

図5.1 企業とオペレーションのイメージ

ただし、ここでは共通項について、すなわちオペレーションズ・マネジメントの基礎的な事項について説明する。

5.3 オペレーションを理解するための概念

オペレーションズ・マネジメントは日々の業務を支える仕組みについて管理・運営するものである。当然、研究開発、生産、アフターサービスでは実際のオペレーションは大きく異なる。また、そこで用いられる手法も異なる。ここでは、比較的多くのオペレーションに共通し、日々の仕事を見直す視点として役立つ概念や方法について解説を行う。

5.3.1 オペレーションズ・マネジメントで達成すべき目標

オペレーションズ・マネジメントは、企業の仕事の流れを管理することである。企業の活動は、最終的に顧客に顧客満足を提供し、その対価として金銭をいただくものである。この顧客満足の最大化が仕事の目的であるという捉え方をする。そのように考えた際、オペレーションズ・マネジメントによって向上すべき結果、すなわちオペレーションズ・マネジメントのめざすべきゴール

は、以下の QCD の向上、さらには FESM の向上として認識されている。

- Q（Quality：品質）：満足度、クレーム件数
- C（Cost：コスト）：価格、費用
- D（Deliver：納期）：納品期間
- F（Flexibility：柔軟性）：生産品目数、ライン替え時間
- E（Environment：環境）：エネルギー削減率
- S（Safety：安全）：事故件数
- M（Molare：倫理・やる気）：従業員満足、欠勤率、法令順守

QCD は顧客への直接的な訴求力があり、もっとも古典的かつ重要な特性（結果）である。品質がよく、コストが低く、納期が短いことが顧客への訴求になることが多い。一方、近年重要視されているものが FESM である。企業はもちろん、顧客も FESM を軽視しているわけではなく、近年であれば特に環境については顧客も重要視することが増えているし、企業の評判を向上させるという意味でいえば S と M も重要となる。

オペレーションズ・マネジメントによって達成すべき目標あるいは指標は、企業の経営戦略によって規定されることが多い。例えば、コストリーダーシップ戦略をとる企業であれば、オペレーションズ・マネジメントによってコストの低減を最優先にするだろう。一方、差別化戦略をとる企業であれば品質の向上を優先するかもしれない。

どのような形にせよ、日々の仕事において求められる目標（特性）を把握しておくことは重要である。自らの仕事、部署・部門の仕事が、QCDFESM のどれを改善することを求められているのかを知らずして、日々の業務改善や活動を行うことはできない。

ただし、これらの目標はあくまでフィードバックの指標として用いられるものであり、この指標自体には直接関与できない点を意識しなければならない。結果に手を加えることは、偽造や改ざん、不正などにしかならない。

第II部

仕事の仕組み

5.3.2　プロセス

プロセスとは、「インプットを使用して意図した結果を生み出す、相互に関連する又は相互に作用する一連の活動」[46]である。オペレーションズ・マネジメントでは、企業のさまざまな活動、究極的には個人の作業までプロセスという視点で捉え、プロセスを改善することで先述した QCDFESM の改善を図る。

オペレーションとはプロセスの集合体である。両者はあくまで活動の捉え方の違いにすぎず、明確に区別することは難しい。複数の活動(仕事)を一つのまとまりとして捉えたい場合や、複数の活動(仕事)の関係を考えたい場合にはオペレーションという用語が使われる。一方、活動のインプット、アウトプット、プロセスなど、具体的な管理項目や管理について言及したい場合にはプロセスという捉え方がなされる。同じ活動でも、プロセスとして捉えられることもあれば、オペレーションと捉えられることがある。プロセスの考え方を図示すると、図 5.2 のようになる。

- インプット：プロセスに入力され出力に変換されるモノ
- アウトプット：プロセスのインプットが変換されて出力されるモノ
- 活動：インプットからアウトプットを得るために必要な行動
- リソース：プロセスの活動を支え、また投入される広義の経営資源
- 測定・管理：プロセスの目的達成、活動状況を把握し管理するための行動

プロセス管理においてできることは、インプット・活動・リソース・測定・管理を変更することだけであり、もっとも重要なことは、アウトプットを変更することはできない点にある。アウトプットはあくまで結果にすぎず、変えることができることはそれ以外のものだけということである。プロセスが不明確なものは改善できないし、改善を行うメリットがあるかも判断できない。

さらに重要なことは、このプロセスというのは仕組みである、ということで

---

46)　日本規格協会編(2016)より、ISO 9001：2015(JIS Q 9001：2015)を引用。

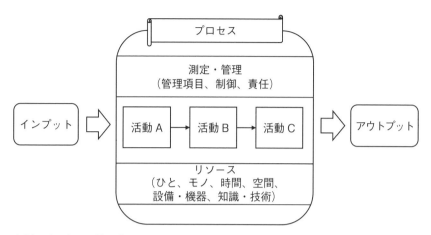

出典) 飯塚悦功：『品質管理特別講義 運営編』、日科技連出版社、2013 年、p.65 を筆者に
より一部改変

図5.2 プロセスの考え方

ある。プロセスの改善とは、工程の変更や作業手順の変更などである。そこに
は、「人を叱る」とか、「人にはっぱをかけてブーストする」などといった精神
論は存在しない。リーダーシップや人間関係が無意味とは言わないが、プロセ
ス改善の視点からすればそれらは後に行うべきものであり、企業の生産性を上
げるということは、プロセスを改善すること、ひいてはオペレーションを改善
することにある。

　また、**第Ⅲ部**で解説するデータ分析の是非もプロセスが出発点となる。プロ
セスの改善や自動化に役立つデータを集め、分析し、改善することがデータ分
析のもっとも基本的な形だろう。必要なデータや求められる分析の精度など
も、すべてはプロセスが元となる。裏を返すと、企業のプロセスが設定されな
ければ、何のデータを分析すべきかは明らかにならないはずである。

　また、このようなプロセスの思考から考えるべきは、「プロセスは誰の責任
の下にあるのか」である。階層構造をとる企業であれば、もっとも最下級の社
員が担うプロセスは非常に小さなものである。上級役職者になればなるほど、

複数のプロセスを担当することになる。その考え方からすると、またぐプロセスが増えれば増えるほど、その改善や改革は必然的に上位の意思決定者が決断しなければ進まない。組織の階層構造は、単に命令関係だけでなく、プロセス改革・改善という点に非常に大きな影響を与える。

　このようなプロセスを重要視する思考をプロセス思考という。対置するものとして、結果重視の思考があるだろう。現代においては、成果や結果のみが重視され、馬を人参で釣るような、インセンティブによる管理しか行われなくなっている。このインセンティブによる管理は、実は管理者にとっては非常に楽である。管理者の望む成果を基準として設定し、それに達すれば報酬を、達しなければ厳罰を与えるだけでよいからであり、極論、管理者などいらない。このような管理のやり方は、経営学が誕生する前に中心だったものであり、経営管理としては約100年の退化であろう。

　成果を重視するのは否定しないが、それであればその前段階のプロセスについてしっかりと議論ないし分析するべきである。プロセスを明確にし、行うべきことを試行錯誤しながら見つけることなしに、単に成果だけで測れば、多くの人間は「諦める」のではないだろうか。成果が期待できないと判断した人間は、「諦める」という合理的選択をとることとなる。

印鑑廃止の喜劇

　2020年から2021年にかけて、日本企業の文化であった印鑑（判子）の利用について大幅な改定圧力が発生した。当時の行政改革担当大臣の河野太郎氏が発言して以降、全国的に印鑑を廃止するという流れが生まれた。

　ただし、どのような形で印鑑が使われなくなったのかは組織によって異なる。権限の移譲や承認プロセスを見直すことで、印鑑が用いられるプロセスを変更し組織の合理化を行っていれば素晴らしい。単純に判子を廃止しただけならましである。最悪の場合、自筆のサインが必須となり、印鑑以上に面倒なことになっている組織も存在する。

　よいか悪いかはともかく、印鑑は他人が使用することが可能であるが、サインの場合はそれができない。印鑑時代以上の不便到来である。

　結局のところ、これらはプロセスとして仕事を捉えないことの失敗である。印鑑の捺印とは承認あるいは確認証明のプロセスである。もし本当に必要なプロセスなら、印鑑でもサインでも必要である。しかし、印鑑がずらっと並ぶ書類は無責任体制形成以上の意味はないし、誰かが代理で押す印鑑は言うまでもなく意味がない。「この仕事（承認プロセス）は本当に必要か」を問うことができれば、プロセスの廃止もできるはずである。本来、プロセスの管理者はそう問わなければならないだろう。

　仕事は仕組みで回る。仕組みを考えるうえでプロセス思考は必要不可欠である。

5.3.3　サイクルタイム、アイドルタイム、リードタイム

　サイクルタイムとは、「一つの工程に要する作業時間」[47]である。アイドルタイムとは「前工程から仕掛品在庫が流れてこないために発生する手待ち時間」[48]である。リードタイムとは「ある活動の開始時点からその活動を終了するまでの時間」[49]である。3つの時間の関係を製造の例で図示すると、**図5.3**のようになる。

　特定のオペレーションにかかる時間やコストを低減するためには、オペレーションに含まれる各プロセスを分析し、サイクルタイムを短縮することも重要である。一方で、プロセス間でかかる時間や、複数のプロセスをまたいだときの最終的なリードタイムを短縮することも必要となる。複数のプロセスを個人で担当していれば、各プロセスの短縮がリードタイムの短縮につながる可能は高い。しかし、複数人でプロセスを連携して活動を行う場合、個人のサイクルタイムの削減が、必ずしもリードタイムの削減につながらないこともある。イ

---

47)　富田・糸久（2015）、p.27。
48)　富田・糸久（2019）、p.29。
49)　富田・糸久（2015）、p.28。

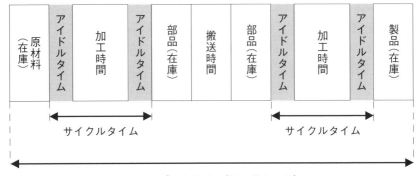

出所）　藤本（2001、p.209）を参照して筆者作成。
出典）　富田純一・糸久正人：『コア・テキスト生産管理』、新世社、p.18、2015年

図5.3　3つの時間の関係

メージとしては、バトンリレーを思い描いていただくと伝わりやすいかもしれない。個人の走力がサイクルタイム、バトンリレーがサイクルタイムとサイクルタイムの間の時間、リードタイムがリレーの合計タイムである。

　工学的あるいは技術的、データ分析などを用いて加工時間や搬送時間を縮めることは行われやすい。一方で、スループットタイム（リードタイム）は工程間の調整というマネジメントの問題に取り組むことが必要となりやすく、改善が後回しにされやすい。しかし、場合によってはスループットタイムの削減に取り組むほうが大きな効果を得ることもある。

5.3.4　ボトルネック

　ボトルネックとは、特定のオペレーションの中で、オペレーション全体の処理能力を規定するようなプロセスのことである。複数のプロセスが連続することで1つのオペレーションを行っている場合、そのオペレーションの処理能力は、もっとも処理能力が低いプロセスによって規定される。

　イメージとしては、**図5.4**のような形となる。仮に時間当たりの処理能力（製品の生産個数と考えてもらえればよい）が図のとおりであったとして、この

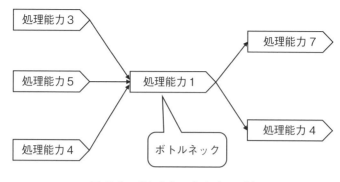

図 5.4 ボトルネックのイメージ

オペレーションの時間当たりの処理能力は 1 である。このオペレーションの処理能力は、中央にある処理能力 1 のプロセスによって規定されてしまう。もし、他のすべての処理能力を 10 に改善しても、この処理能力 1 のプロセスが存在する限り、オペレーションの処理能力が向上することはない。仕事の現場で、個人が改善の努力をしても部門や部署として成果が得られない場合の原因の 1 つは、このボトルネックの存在によることが多い。

　ただし、ボトルネックが明確に存在することは必ずしも悪いことではない。すべてのプロセスが一切滞りなく流れている状態は、言い換えると明確な改善ポイントがない状態である。逆に、ボトルネックが明確に存在するのであれば、その部分を改善することでオペレーションの効率を向上することができるだろう。明確化された問題の存在は、改善という観点から言えば喜ばしいものである。むしろ、明確化できない問題の方が厄介である。

5.4　オペレーションの改善方法

5.4.1　プロセスの理想や必要性の再検討

　オペレーションには複数のプロセスが含まれている。もっとも最初に行うべきは、オペレーションの目標（QCDFESM など）の観点から考えて、すべての

プロセスが本当に必要かどうか検討することである。理想のプロセスを考える
という表現もできるだろうし、不必要なプロセスを省くという表現もできるだ
ろう。ドラッカーの言うところの「体系的廃棄」という表現とも通じる。プロ
セスの中身の改善は、あくまでまずオペレーションから見たプロセスの必要性
を把握したのちに、行うべきことである。

　以降、具体的なオペレーションの改善方法について解説する。

5.4.2　PDCA と標準化

　PDCA とは、Plan、Do、Check、Act の頭文字をとったものであり、管理の
基本サイクルといわれる[50]。すなわち、何からの活動を管理するときは、計
画し、実施し、確認し、処置することが必要とする考え方である。PDCA は
下記のようにまとめられ、**図 5.5** のようなサイクルとして描かれることが多
い。

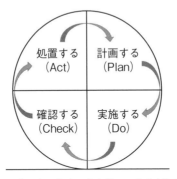

出典）　細谷克也編著、池永雅範・吉川豊次・高木修一・竹士伊知郎・長谷川伸洋・平野智也
　　　著：『速効！ QC 検定 4 級』、日科技連出版社、p.18、2021 年

図 5.5　PDCA サイクル

---

50)　PDCA は人口に膾炙し、ジョークとしていろいろな大喜利が行われている。個人的
　　に好きなもので、ある意味真理ではないかと思うものとして「Plan、Delay、Cancel、
　　Apologize」がある。筆者の知る限りの元ネタは、次のツイートである。
　　https://twitter.com/Oquinas_/status/934359918718492672

- Plan：目的、目標、ねらいの明確化
- Do：実施準備・整備
- Check：目標達成に関わる進捗管理、処置
- Act：応急処置、再発防止処置

このような PDCA に関連する概念として標準化がある。標準化とは、基準やルールを定めることであり、定められたものを標準という。標準化は PDCA サイクルの後戻りを避けるために必要とされる他、さまざまな理由から行われる。以下、標準化の理由についてまとめる。

- 必要最低限の設定
- 互換性の確保
- 業務の単純化
- 知識の再利用
- 技術基盤、改善基盤、独創性の基盤
- 忘却防止装置

標準化とは、その組織やプロセスにおける最善の活動をまとめたものではない。どちらかといえば、ある程度の力量をもつ人が、理解かつ再現できる、ほどほどの活動をまとめたものである。それゆえ、最高レベルの作業者・労働者にとっては、標準はじれったいものや自らの作業水準を下げるものとなることが多く、嫌われることがよくある。変化の激しいプロセスで最高効率を上げるという観点から言えば、標準化という余計な作業はないほうがよいことも多い。

　一方で、知識の継承や記録の保存という観点から言えば標準化は重要な役割を果たす。標準を作成することで、自らでは標準以下の作業しか行えない作業者であっても、標準程度の作業を行うことができるようになるだろう。また、その標準を基本としてわずかな改善を行うことができるかもしれない。仮に、標準以上の作業が可能な労働者が退職などした場合でも、他の作業者が標準レベルであれば作業を継続することができる。

　標準を作成するうえでは、作業者のレベルを設定することが必要となる。ひ

いては、組織における作業者のレベルを考えなければならない。例えば、作業者の作業手順を定める標準(作業手順書)を作成するのであれば、その作業手順書を読む読者のレベルを指定する必要があるだろう。万人に受け容れられる標準を作ることはできるかもしれないが、おそらく途方もない努力と根気が必要となる。例えばパソコンの操作なら、「ダブルクリック」や「ドラッグ」という概念を知っていると想定してよいのか、「ブラウザ」、「アプリケーション」を知っているのかなど、基礎的な知識といっても非常に幅がある。

　記録としての標準化であれば、作業者のスキルを考慮する必要はないだろう。変化が激しいプロセスにおいて、現在どのようなことが行われているのか、現時点での知識共有を図る、という点でいえば、その標準で大事なことは、簡潔でもよいので知識をまとめておくことかもしれない。

5.4.3　PDCA と標準化の関係

　PDCA と標準化は、多くの場合図 5.6 として示される。すなわち、PDCA で

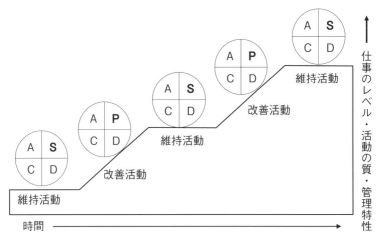

出典)　細谷克也編著、池永雅範・吉川豊次・高木修一・竹士伊知郎・長谷川伸洋・平野智也著：『速効! QC 検定 4 級』、日科技連出版社、p.17、2021 年

図 5.6　PDCA と SDCA による質の向上

水準の向上を図り、Plan の代わりに標準化を行う SDCA によって、標準の水準を維持しながら仕事を行う。

多くの場合、この PDCA と SDCA を繰り返し行うことで活動が改善され、効率性や有効性が向上するとされる。その際に重要となるのが、活動が改善前の水準に戻らないように標準化を行うことであり、図のように描かれることが多い。

なお、この図はプロセスの改善という点だけでいえばおそらく正しい。しかしながら、このようなプロセスの改善が企業によい影響を与えるかは、そのプロセスが企業の中でどのような位置づけにあり、改善がよい影響を与えるということが明確でなければ意味がない。例えば、仮にこれまで 1 時間で 10 個の製品を作ることができたとして、PDCA の改善効果によって 1 時間に 20 個の製品を作ることができたとしよう。しかし、その製品が 1 時間で 10 個しか売れないままであれば、在庫が積み上がるだけである。あるいは、その改善に莫大な費用がかかり、会社が倒産しては意味がない。何よりも大事なことは、PDCA の価値はあくまでオペレーション、ひいては企業の戦略によって保証されるのであり、PDCA 自体から保証されるものではないということである。

また、PDCA は決して万能なものではない。PDCA は、あくまで、事前に計画を立てることができ、改善活動を行え、ある程度の期間同じ活動を行うことが前提のプロセスに適用できるものである。状況が目まぐるしく変化し、プロセスが随時変化、試行錯誤が必要な場合には、近年注目を集めている OODA ループのようなモデルのほうが適している場合もある。ここまで述べたように、どちらにせよ所詮は道具にすぎないのであり、状況に応じて使い分ければよい。

5.4.4 マネジメントシステムの利用

企業を運営する仕組みに関して、個別プロセスを見る視点ではなく、企業全体を管理するための仕組みとしてパッケージングされたものが存在する。それを、マネジメントシステムと呼ぶ。ここでは、代表的な企業全体を統制するも

のとして、ISO のマネジメント規格と TQM について簡単に解説する。

（1）　ISO 9001

　マネジメントシステムとは、「方針及び目標並びにその目標を達成するためのプロセスを確立するための、相互に関連する又は相互に作用する組織の一連の要素[51]」である。定義の詳細な解説は行わないが、簡単に言えば目標を達成するための組織の仕組みである。

　このような仕組みの中で、ISO によって規格化、認証されているのが、ISOのマネジメントシステムである。著名なマネジメントシステムの規格として、ISO 9001「品質マネジメント」、ISO 14001「環境マネジメントシステム」、ISO 22000「食品安全マネジメントシステム」、ISO 27001「情報セキュリティマネジメントシステム」などが存在する。

　ISO のマネジメント規格は、外部機関による認証を伴うものである。この認証を受けるという行為は、外部機関によってマネジメントシステムが制約される、ひいては企業の活動が制約されるという側面をもつ。しかし同時に、その規格を利用することにより組織のマネジメントシステムを明確にすることも可能となる。場合によっては、マネジメントシステムの導入をドライバーとして組織変革を行うことも可能となる。

（2）　TQM

　TQM とは、QC（Quality Control：品質管理）から出発して作成されたマネジメントの仕組みである。品質管理のさまざまな手法を内包しながら、品質に限らず企業全体のマネジメントの仕組みを見直すことができるようなものとなっている。

　企業全体を統制する仕組みとして、ISO と TQM を紹介した。このような仕組みについては、もしすでに導入済みであればその仕組みを利用することが必

51）　日本規格協会編（2016）、p.323。

要であるし、場合によってはそれに制限されることもある。一方で、もしも企業の仕組みがまったく可視化されておらず、一から活動の改善を図るのであれば、このような企業全体を統制する仕組みの導入を通してみるのも一手である。

5.5 第5章のまとめ

本章では、オペレーションズ・マネジメントについて説明を行った。まとめると、下記3つとなる[52]。

- オペレーション（仕事）の改善はプロセスを基本とする。
- PDCA と標準化が基本となる。
- マネジメントシステムを利用することも有効である。

---

52) 本章については、飯塚(2013)[35]、[36] を参考にしている部分が多い。より詳細に知りたければ、これらの書籍を参考にすることをお勧めする。

第６章
オペレーションとIT

6.1　オペレーションに組み込まれるIT

　現在、ITを使わずに仕事をするという選択肢はほとんどの職場で存在しないだろう。パソコンを利用するのかタブレットやスマートフォンなのか、電子メールなのかコミュニケーションツールなのか、インストール型アプリケーションなのかクラウドのアプリケーションなのかなどの違いはあっても、仕事にITは組み込まれている。言い方を変えると、ほとんどの場合においてITはあらゆるプロセスに組み込まれている。

　それゆえ、オペレーションの改善、より実際には個々のプロセスの改善や廃止、改革を試みる場合、ITを無視することは現実的ではない。プロセスに使用するITを変更することを通じてプロセスの効率化、ひいてはオペレーションの効率化を図ることもできる。逆に、プロセス変更をITが邪魔する場合もある。

　第6章では、オペレーションの改善という観点からいくつかのITの用途について整理、解説する。技術自体は随時変化するが、大きく分けて以下の3つの用途を念頭に考えることを示す。

- 自動化におけるIT：RPA、IoT
- 情報分析におけるIT：クラウド、API、OSS
- 情報保護におけるIT：ブロックチェーン

6.2　自動化におけるIT

　ITの一つの用途に自動化がある。人間がやっている作業を機械に置き換えることで、反復作業を間違いなく、疲れることなく、繰り返させることができる。このような自動化に関するITとして、近年はRPAとIoTが注目を集めている。

「学ぶべきこと」と「学び方」

学びに関する悩みは多い。筆者は、学生から「数学（統計学）を学ぶべきか」、「プログラミングを学ぶべきか」、「簿記を学ぶべきか」、「IT を学ぶべきか」、など、「○○を学ぶべきか」という質問を受けることもよくある。

これに対しては、「あなたの目的や制約による」としか答えようがない。仮に、目的が不明確なのであれば「どのようなことでも学んで損はないから学ぶべき」と回答するようにしている。あるいは、「物事を深く理解するためにはすべてを学ばなければならない」としか言えない。

一方で「××をするために○○を学ばなければならないか」と聞かれれば、これも難しい。例えば、統計学を学ぶためには数学が必要となるが、一方で統計ツールを使うだけであれば数学は必要ないことも多い。

最終的に、その人にとっての目的やゴールにたどり着くことさえできればよいのである。その過程では失敗もあるだろうが、失敗することもその人に許される権利である。過度な完璧主義は、学ぶことを阻害する。以上の観点から、倫理的な配慮以外の理由で学習を邪魔すべきではない。

6.2.1　RPA

RPA とは「Robotic Process Automation」の略称であり、率直に訳すなら「ロボットによるプロセスの自動化」となる。ここでいうロボットとは、産業用機械のような物体を伴うものでは必ずしもなく、プログラムによる自動判断くらいの意味だと捉えてよい。もちろん、高度な画像処理や物的なロボットなどと連動した RPA の商品もあるようだ。

近年で言えば、Windows では「Power Automate for desktop」が無償で提供されている。これは、Windows のデスクトップ上で行う操作を自動化するものである。マクロのように作業を記憶させたり、コンピューターの反復作業を自動化することができる。RPA のツールやサービス、事例についてはイン

ターネットで検索すれば膨大に出てくるだろう。

　RPA は基本的に守りの IT、すなわちコスト削減や効率化を直接的な目的とするものである。オペレーションの中の特定のプロセス、あるいはオペレーション全体を自動化することにより、作業時間の削減や、それに割り当てられる人件費の削減、最終的には人員の削減を行うものである。

6.2.2　IoT

　IoT とは、Internet of Things の略称であり、「モノのインターネット」と和訳されることが多い。もっともイメージしやすいのがアパレルショップなどで商品についている RFID ではないだろうか。個々の商品につけることで、RFID をつけたまま店を出ようとすれば警報が鳴るし、在庫管理や無人レジなど、サプライチェーン全体での管理も可能となる。

　IoT 自体は情報を収集する技術にすぎず、それ自体がオペレーションに自動的に何らかの影響を与えるというものではない。しかし、現在のオペレーションにおいて手作業で情報を収集している、あるいはリアルタイムでは情報の収集ができないなど、情報収集に課題あるいはデータの粒度に問題があるプロセスで IoT を用いると、これまでのオペレーションを自動化することにつながる可能性がある。

　さらに、IoT によって定量的な情報を収集することで、新たなデータ分析を行い、その分析結果を用いてオペレーションの改善を行うことも可能化もしれない。

　ただし、あくまで IoT は情報収集のための道具であり、その利用方法についてはオペレーションの観点から検討が必要であろう。さらに、もし IoT 機器によって収集する情報が個人情報に該当するものであるならば、その保護が必要となる。当然ながら、IoT も無料ではないので、コストは意識する必要がある。

6.2.3　自動化の注意点

　自動化は昔から行われてきた IT の利用方法であり、RPA においても IoT においても基本は同じである。そして、自働化を考えるうえで最低限考慮しなければならないことを以下に示す。

- コスト削減：投資以上にコストカットできるか？
- 技術的負債の発生：必要に応じて IT システムを変更・改善できるか？
- 知識の喪失：自動化したプロセスの知識はどのように保持するか？

（1）　コスト削減

　自動化を行っただけでは企業全体のコスト削減にはならないことがある、ということを認識すべきである。経営学的な言葉でいうと、小力化や省力化ではコストは下がらない。自動化によって金銭という意味でのコスト削減を達成するのであれば、人員削減が必ずついてくる。人員削減まで行かずとも、例えば残業を減らす効果を目的とするのであれば、残業にかかった人件費の削減が行われているはずである。果たして、目論見どおり残業は減っているだろうか。

　もちろん、自動化が絶対に金銭的なメリットを組織にもたらさなければならないということではない。労働負荷の削減や労働時間の短縮は、新規の活動を行う余力を生み出すものであり、組織のイノベーションや RPA の対象以外の業務の改善効果を生み出すことも考えられる。しかし、あくまでそれを目的にし、体制を整えていれば達成できるという話である。

（2）　技術的負債の発生

　あるプロセスを自動化するということは、そのプロセスに固定的な資産あるいは費用が発生することを意味する。そのプロセスおよびそのプロセスに用いられている技術が明確なうちはよい。しかし、そのプロセスが状況にそぐわなくなったときに改善できない、あるいは廃棄もできない状況になると、RPAによって行った自動化プロセスがボトルネックになることも十分にあり得る。

　最悪なのは、プロセスがろくに分析されず、プロセスの詳細がよくわからないまま、企業外部によってRPAが検討され、システムが導入される場合だろう。レガシーシステムや技術的負債、ベンダーロックイン[53]などマイナス面はいろいろとありうるが、そのシステムは改善や改良、最終的には廃棄さえも困難な負の資産となる可能性がある。

　さらに、RPA自体は非常に簡単に行うことができるようになったため、「野良ロボット」、すなわち会社が管理していないロボットが生まれるといった問題も発生するかもしれない。これについては、数年後にはひどい問題になっている可能性がある。

（3）　知識の喪失

　RPAなどの自動化に関してもう一つ忘れてはならないことは、知識の喪失である。

　多くの場合、一度システムが構築されると、そのシステムは所与のものとされる。システムがどのような処理を行っているのか、どのようなプロセスで構成され、前後のプロセスとどのような関係にあるのかなどが、文章など何らかの形で残っていればまだましである。もし仮に、そのようなことなしにシステム化してしまうと、そのシステムは誰も中身を知らないブラックボックスとなる。

　問題なくシステムが動いている間は、ブラックボックスでも何ら問題がない。しかし、何らかの理由で「インプットが変わる」、「必要な処理が変わる」、「アウトプットを変更したい」などの事情が生まれたとき、ブラックボックスを解明する必要が出てくる。システムである以上、手続きを読み解くことは事後的にもできる可能性が高い。しかし、そのプロセスが「なぜ、そのように構築されているのか」という部分は、多くの場合、残されていない。

　このように、自動化技術には間違いなく負の側面が存在する。特に、技術的

---

53)　特定のベンダー（製品・サービス提供者）の製品やサービスに依存してしまい、他の製品やサービスに変更することができない状況のこと。

負債の発生や知識の喪失は、短期的には起こらない可能性が高い。じわじわと組織内部でダメージを蓄積し、まったく意識を向けなくなったタイミングで爆発する可能性も高いのである。明確な回避の方法は存在しないが、無視してよい問題では決してない。

6.3　情報分析における IT

6.3.1　クラウドコンピューティング

　クラウドコンピューティングとは、「共用の構成可能なコンピューティングリソース(ネットワーク、サーバー、ストレージ、アプリケーション、サービス)の集積に、どこからでも、簡便に、必要に応じて、ネットワーク経由でアクセスすることを可能とするモデルであり、最小限の利用手続きまたはサービスプロバイダとのやりとりで速やかに割当てられ提供されるもの」[54]とされる。基本的には下記のような特徴・提供形態・種類があるとされる[55]。

- オンデマンド、セルフサービス
- 幅広いネットワークアクセス
- リソースの共用
- スピーディな拡張性
- サービスが計測可能であること

提供形態としては、下記のような区分が存在する。

- SaaS(Software as a Service)
- PaaS(Platform as a Service)
- IaaS(Infrastructure as a Service)

また、クラウドコンピューティングには下記のような種類が存在する。

- プライベートクラウド：単一の組織で専用使用。
- コミュニティクラウド：特定の複数の組織で共有。

---

54)　NIST(2011)、邦訳、p.2。
55)　NIST(2011)を参照。

- パブリッククラウド：一般の自由な利用が可能。
- ハイブリッドクラウド：上記3つの中の2つ以上の組合せ。

　経営的な観点において、クラウドコンピューティングでもっとも一般的に議論されるのは、固定費の変動費化や物的な資産管理負担の軽減だろう。オンプレミス（サーバーなどの機器を自社内で保持する形）に比べて、クラウドコンピューティングでは少なくとも物理的なサーバー管理の手間をなくすことができる。また、クラウドコンピューティングは利用した分だけ支払う形のものもあり、そのようなサービスを利用すれば費用を変動費化することができる。GmailのようなSaaSを利用するだけであれば、情報システムの管理者も削減することができるだろう。

　業務プロセスにおいてクラウドコンピューティングが威力を発揮するのは、プロセスにおける資産の統一である。SaaSにせよIaaSにせよ、クラウドでは何らかの共通項目が発生する。すなわち、その共通項目を土台として、プロセスの改善や改編などが行えるのである。同じクラウドサービスが利用できるなら、端末がPCであろうとスマートフォンであろうと、社内であろうと社外であろうと、特別の負荷なく作業することができる。BYOD[56]のような形であっても、クラウドサービスであれば対応は可能である。

　コロナ禍において、社内外問わず、ZoomなどのWeb会議サービスのSaaSを用いて共同作業をするようになった人は多いのではないだろうか。これは、Zoomという共通の基盤を一緒に利用することによって、業務プロセスが変わったことを意味する。

　半面、クラウドコンピューティングは、自社内に情報システムの運営ノウハウやセキュリティ対策能力などが蓄積されないことが多い。もちろん、クラウドコンピューティングの形態はさまざまであり、一概にはいえないが、少なくとも外注した部分についてはノウハウが社内に蓄積されなくなる。そのことを意識したうえで、クラウドコンピューティングは利用する必要がある。

---

56)　個人保有の情報端末を職場に持ち込み、業務に使用すること。

6.3.2　API

　API とは、Application Programming Interface(アプリケーション・プログラミング・インタフェース)の略称である。アプリケーションやソフトウェアの連携や統合に用いられる仕様だと考えてもらえればよい。API 公開側(情報を持っている側)は、API を通じて情報を公開することで、利用者数の拡大や収益拡大、場合によっては新たなビジネスモデルの創造なども行うことができる。なお、ここではウェブ上で利用される API(Web API)を想定して説明する。具体的には、Twitter API など Google Maps API などである。

　API は情報あるいは機能の提供を自動的に行う仕組みである。これまで手作業で、あるいは要求に応じていちいち手作業で反応していた情報について、API として公開することで、要求に応じて自動的に情報を提供することが可能となる。

　同時に、API として情報を公開することで API を利用したサービスやビジネスが生まれる可能性もある。自社にとって不要な情報が、他社にとって価値があるものであることも多い。もし、自社の API を用いて外部でよいサービスが生まれたのであれば、そのサービスを取り込むもよし、サービス作成者と連携するもよし、とそれ以後の対応はさまざまな形が考えられる。API は情報の全面公開ではなく、緩やかな連携に留まるため、API 公開側が主導権を握り続けることが可能である。必要があれば、API の利用規約を変更するなどの処置もとることができる。

6.3.3　オープンソースソフトウェア

　オープンソースソフトウェア(OSS)とは、ソースコードが公開され、自由に使用、コピー、配布、改良などができるソフトウェアのことである。厳密には異なるが、FLOSS(Free/Libre Open Source Software)という表現をされることもある。非常に多種多様な OSS があるが、身近な例であれば LibreOffice などのオフィスソフトウェアや、R や JASP、HAD や KH Coder などのデー

タ分析ソフト、ライブラリならば TensorFlow や Pandas や Numpy などがある。

どのような利用方法を許容するかはソフトウェア作成者が決めることであるため、詳細は OSS の中のライセンスに関する記述を確認する必要がある。なお、ライセンスについてまとめると次のようになる[57]。

- コピーレフト：改変物・派生物にも同じライセンスを要求する。
- 準コピーレフト：派生物には同じライセンスを要求しない。
- 非コピーレフト：改変物・派生物にも同じライセンスを要求しない。

OSS の利用は領域を問わず拡大し続けている。1 つのソフトウェアとして公開されているか、あるいは何らかのソフトウェアの内部に組み込まれるないし連携するかはともかく、OSS を利用しないという選択肢は合理性を欠く環境が多くなっていく可能性が高い。

また、OSS として企業内のソフトウェアを公開することにより、企業の広報やソフトウェアの改善につながる可能性もある。企業外の利用者によって、ソフトウェアが魅力的なものであれば利用および欠点（バグなど）を報告してもらえ、自社内でも利用しているソフトの改善につながる可能性がある。また、ソフトウェア自体が会社の技術力を示す宣伝媒体になる可能性もある。情報系企業が企業内で使っていたソフトウェアを OSS として公開する背景には、データは自社で確保し、手法（ソフトウェア）は集合知で改良するという戦略が背景にある。

OSS のデメリットは、問題が起きた場合は開発側ではなく使う側の自己責任、ということに集約されるだろう。基本的に OSS の利用規約には「ソフトウェアの利用に関して、開発者は一切の責任を負わない」という形で免責条項が明記されている。OSS の利用はその免責条項の承認を前提とするため、仮に問題が生じても責任は利用者がすべて負わなければならない。

また、OSS は公開されて終わりではなく、OSS を組み込んでさらなる OSS

57）　村井（2019）を参考。

が開発されることも多い。結果的に責任はどんどんと曖昧になり「みんなの責任は、誰の責任でもない(everyone's responsibility is nobody's responsibility)」[58]という状況が生み出されることもある。

6.4　情報保護における IT

　情報保護に用いられる IT として、ブロックチェーンを説明する。ブロックチェーンとは、分散型のデータ管理の仕組みである。特定の主体に依拠しない情報保存の技術であり、以下のような特徴を基本的にはもっているものとされる。

- 非集中管理による故障耐性や信頼性
- トレーサビリティによる改竄困難性

ブロックチェーンは、基本的に個人が導入を考えるようなものではなく、組織として、あるいは組織を超えたある程度の社会として利用を検討する性質のものである。

　ブロックチェーンが現状でもっとも有効に働きやすいのは、サプライチェーンを検討するときかもしれない。近年のサプライチェーンでは大規模災害や疫病などの問題から、平常時の効率性に加え、緊急時のレジリエンス(復旧力)が求められている。しかし、従来のマネジメント方法や IT システムでは、サプライチェーンレジリエンス(SCR)の構築は難しい。それゆえ、ブロックチェーンを導入することによって、SCR の向上を図る可能性を示唆している。崔(2020)から抜粋すると、下記のような点がブロックチェーンの可能性として議論の焦点となるだろう。

- 敏捷性と反応力：透明性、冗長性、分散性などの向上
- 柔軟性と革新性：協調性、創造性、効率性などの向上
- 適応力と対応力：情報共有の水準、安定性などの向上

---

58)　山崎(2021)、pp.155-156。

　ブロックチェーンは、オペレーションの自動化やより効果的なオペレーションの実現に適した技術というわけではない。しかし、SCR のように、万が一の事態に対する対策や復旧能力という観点からは利用可能性が存在する。BCPの例を出すまでもなく、オペレーションないしプロセスが非常に重要で、しかもそのオペレーションについて自社のみならず他社も巻き込んで対策を行うことが有効であるならば、ブロックチェーンは利用を考えるに価値ある技術ではないだろうか。

6.5　第 6 章のまとめ

　本章では、オペレーションに役立つ IT という観点から、解説を行った。簡潔にまとめると、下記 3 つとなる。

- 自働化における IT は便利だが、知識喪失などの懸念がある。
- 情報分析における IT はどこまでオープンにするかが重要となる。
- OSS は便利だが、責任が不明確になる側面がある。

第Ⅲ部

データ分析の技術

第Ⅲ部の概要

　第Ⅲ部では、データ分析の技術（効率性）について説明する。データ分析は企業の戦略立案から日々の業務まで、企業のあらゆる箇所で行われるようになっている。データ分析を適切に利用することは、仕事をより素早く正確に行うために必須である。

　第Ⅲ部の知識は、企業で行われるデータ分析についてどのように考えるか、注意点は何かを解説するものである。なお、近年のDX、AI、データサイエンスなどにおいて議論の主題となりやすい量的データ分析について、**第8章〜第10章**で取り上げる。紙数の関係上、質的データ分析については詳述しない。

第Ⅲ部の目次

　第Ⅲ部の各章で解説している内容について語弊を恐れず端的にまとめると、次のようになる。

第7章　データ分析の全体像

データ分析全般に関する考え方を解説する。

第8章　量的データ分析の基本

量的データを分析する際の基礎知識を解説する。

第9章　AIを用いたデータ分析

AIを用いたデータ分析の基礎知識を解説する。

第10章　テキストデータ分析

テキストデータを対象とする分析の基礎知識を解説する。

第7章

データ分析の
全体像

7.1　データとの付き合い方

　企業ではさまざまなデータ分析が日夜行われている。設計・開発、マーケティング、戦略立案、アフターサービスなど、企業や部門、担当によって仕事の内容は違っても、何らかのデータを収集・分析している。

　本来、データ分析はあくまで何らかの結果を得るための道具に過ぎない。生産工程の改善や仕事の能率アップなど、データ分析の目的はさまざまであり、目的から見た適切性は存在するが、それ以外の基準は本来不要のはずである。しかし、現実には所属する企業、上司、チームなど何らかの要因によって、データ分析は制約されることが多い。

　例えば、所属する組織で下記のようなことを直接言われたり、間接的に示されたりしたことはないだろうか。

- 統計を使っていないものは分析ではない。
- 統計分析は現場を見ておらず、血が通った分析ではない。
- 必ず200件以上の数値データを分析しなければならない。
- 必ず現場(生産現場・販売現場)に出向き、観察しなければならない。
- 特定の分析手法、分析ツールを絶対に利用しなければならない。
- 偉い人(管理職、上司、社長など)にわかる分析結果を示せ。

データ分析の方法は、単に目的に応じた手法の適切性で決まるわけではなく、組織や分析者の思想なども含めた、制約とも呼ぶべきものが影響する。組織でデータ分析を効率よく、滞りなく行うためには、その組織・上司・チームなどでデータ分析の方法論を共有することが必要となる。言い方を変えると、その組織・上司・チームの方法論に相反する手法は、どれほど素晴らしい結果をもたらすものであっても認められず、分析は徒労に終わることだろう。

　本章では、無意味なデータ分析となってしまう、という事態を避けるために、データ分析の方法論について解説を行う。本書ではデータ分析の前提によって方法が決まる、という考え方で解説する。逆に言えば、データ分析の方

法を変えたければ前提を変える必要があるということでもある。

　繰り返しになるが、本章でいうデータ分析の方法論は正解・不正解があるものではなく、思想に近いものである。本章の解説を利用しながら、所属する組織のデータ分析の方法論について考えてみてほしい。

7.2　データ分析の視点

　最初に、データ分析の基本について簡単に説明する。これらは、実際にデータ分析を考える基礎知識として知っておくべき事柄である。

　大きく分けて、データ収集法、データの種類、分析手法の3つによって、データ分析は構成される。

（1）　データ収集法

　データ収集法とは、文字どおりデータの集め方である。インタビュー、観察から、資料調査、アンケート、実験など多岐にわたる。生産現場などでは生産記録(ログ)や不良品の記録などを用いることが多いだろう。一方、製品企画やマーケティングではアンケートや観察を用いることが多いかもしれない。データ収集法については無数に存在するが、以下のようなものが挙げられる。

- 記録：IoT によるログ、現場の手書きの不良記録
- インタビュー：構造化、非構造化、半構造化
- 観察：自然観察、参与観察
- 文献収集：ナラティブな収集、システマティックな収集

（2）　データの種類

　データの種類とは、分析に用いるデータの形態である。文章データ、映像・画像データ、カテゴリーデータ、量的データなどがよく用いられるデータであろう。もう少し具体的に言うなら、血液型や企業名などのカテゴリーデータや、アンケートの自由記述のような文章データ、5段階評価のアンケートや生

産ラインにおける良品数・不良品数のような量的データなどがイメージしやす
いかもしれない。

（3）　分析手法

　分析手法は、質的分析と量的分析、それに加えてこれら2つを組み合わせる
混合分析の3つに分けることができる。

7.2.1　量的データ分析

　量的データ分析は、数値を計算して結果を導くデータ分析であり、以下のよ
うな手法が挙げられる。
- 記述統計（第8章）：グラフ、クロス集計
- 機械学習（第9章）：回帰、分類、次元削減
- テキストマイニング（第10章）：カウントベース、推論ベース

　量的データ分析では数値データを扱うが、必ずしも最初から数値化されてい
るものだけを分析するわけではない。第10章で扱うテキストマイニングは、
文書データを数値に置き換えることで、数値計算を行えるようにするというも
のである。また、QCA（質的比較分析）も、計算過程では質的データを数値に
置き換え、計算を行っている。

　すなわち量的データ分析は、元のデータの種別ではなく、計算過程において
データを数値データとして圧縮しているかどうかが重要となる。さらに言え
ば、最終的に分析結果が数値表現を伴うかが重要となる。

　量的データ分析はデータの数値化および数値計算を伴う関係から、データ量
は比較的大きくなりやすい。また、データ量によって研究の価値を示すという
ことが行われやすいことも事実である。サンプル数（標本抽出の回数、群数）や
サンプルサイズ（標本の大きさ、データの個数、n）は大きくなりがちである。

　なお、量的データ分析については、以降の章で具体的な個別の手法の解説を
行う。

7.2.2　質的データ分析

　質的データ分析は、数値化や計算をせず、文章などの形で結果を導くデータ分析手法である。質的データ分析においては、サンプル数もサンプルサイズもさほど問題とされない。目的に適した分析結果をもたらすことができるなら、サンプル数もサンプルサイズも 1 で十分である。

　質的データ分析の方法の代表的なものは以下のとおりである。なお、あくまで筆者が専門とする分野である経営学や品質管理における手法を中心として挙げている点には注意が必要である。

- KJ 法：意見の集約、議論の可視化
- 特性要因図：問題の深堀り
- 事例分析：先端、代表、逸脱、原型

経営学における質的データ分析の代表的なものとしては事例分析が挙げられるだろう。単一あるいは複数事例を取り上げることで、既存の理論に対する新たな発見を行うことができる。

　品質管理の代表的手法を集めた QC 七つ道具の中にも、「特性要因図」のような質的データ分析の手法が含まれている。特性要因図とは、問題や課題に関する原因と結果を魚の骨の形で記述したものである。多くの場合、複数の作業者や分析者が集まって問題や課題について議論し、その議論をまとめることによって問題を整理し、解決するための方法を模索する。なお、p.94 で述べたように、本書では質的データ分析の具体的な手法の解説は行わない。

7.2.3　混合データ分析（量的データ分析＋質的データ分析）

　混合データ分析とは、量的データ分析と質的データ分析を組み合わせて行うものである。混合研究法という名称の方が一般的であろう。混合データ分析には、量的データ分析と質的データ分析の両方を同時に合体する収斂デザインや、説明的順次デザインがある[59]。簡潔にまとめると次のようになる。

- 収斂デザイン：量的データ分析と質的データ分析を比較のため結合する。

- 説明的順次デザイン：量的データ分析の結果の一部を質的データ分析で解釈する。
- 探索的順次デザイン：質的データ分析をもとに量的データを収集・分析する。

7.2.4　データ分析の方法を選ぶ注意点

　目的を達成することができるのであれば、データ分析の方法はどのようなものでも問題ないのが基本である。新製品を開発する場面を考えてみよう。

　まずは既存の商品に対する消費者へのアンケート調査から始めるかもしれない。もちろん、それで既存商品への不満が見つかればよいが、見つからなければ他の方法を考えなければならない。例えば、消費者の家に同意のうえでカメラを設置させてもらい、実際に商品を使っている様子などを観察することが有効かもしれないし、インタビューすることも有効かもしれない。あるいは、アンケートデータを元にインタビューを行うことや、映像から新たなアンケートを構築し、量的データ分析を行うことも有効かもしれない。

　多様な方法を選択できることは、より適切な事実を確認するための有効性を高めるだろう。しかし、組織全体として、あるいは経営者や上司など分析結果を利用する主体が特定のデータ分析しか認めないのであれば、それは尊重せざるを得なくなる。あるいは、覚悟を決めてその不条理や非合理性と戦うかである。衝突した際に戦う気がないのであれば、最初から組織に認められるデータ分析手法を把握して、その範囲で考えるほうが合理的だろう。

　繰り返しになるが、データ分析の方法は目的から選ぶのが大原則である。ただし、現実には以降で解説するさまざまな要因との相談になることが多いことも事実である。

---

59)　Creswell（2015）、邦訳、p.54。

忍術でもええで

　データ分析の方法の正当性は、データ分析の目的によってのみ正当化される。このようなことはデータ分析に限らない。基本的に、ありとあらゆる方法は、目的達成に役立つか否かがもっとも重要となる。もちろん、法律や倫理的にまずいことはしてはならないので、目的が手段を正当化するとまでは言わないが、基本的に方法は何でもよい。

　このことについて、品質管理の大家である西堀榮三郎は、「忍術でもええで」という言葉を用いたそうだ。基本的に、目的は絶対であるが、方法は自由である。この自由には制限があるが、自主管理能力が増えるにつれ、制限は小さくなる。自由の度合いが増えるだけ、創造性を発揮するようになり、創造性を発揮するほど責任を感じるという考え方である。

　西堀の考えとは反対に、近年の組織では方法を縛ることが非常に多い。PDCA や QC ストーリーに絶対に沿わなければならなかったり、AI や機械学習の利用を強制したり、DX の名のもとによくわからないシステムを使ったり、といったことがある。あらかじめ明示されるならまだましで、提案や活動を行っていく中で、「それはダメ」となることも非常に多い。

　西堀自身が指摘するように、制限なき自由など存在しないし、組織の流儀や人間関係なども含めた最低限守るべきことがわかるまでは方法を縛ることも重要だろう。しかし、その時期を過ぎたなら、「忍術でもええで」を基本としてマネジメントすべきではないだろうか。

　もっとも、現場にゆだねるという名のもとに、責任も取らず、協力もせず、失敗を見つけては否定して現場社員の創造性を否定し、現場社員を精神的に破壊する経営者や管理職もいるので、程度問題ではある。

7.3　データ分析に影響を与える要因

　データ分析の方法は、基本的に目的に適したものであれば何でもよい。法律

や倫理は守る必要性があるが、それ以外に本来は縛られるものではない。しかし、実際にはデータ分析の方法はいくつかの制約の下で決定される。以降では、分析の方法を決定するうえで検討すべき 3 つの要因である「組織の制約」、「分析資源の制約」、「目的の制約」について説明する。

7.3.1　組織の制約

　組織の制約とは、組織によって与えられるデータ分析の制約事項である。組織がもつデータ分析に関する思想ということもできる。多くの組織は程度の差こそあれ、データ分析に関する思想をもっている。この思想は、明示されることは少なく、場合によっては経営者と管理者で違う場合もあるが、いずれにせよこの組織の思想（方法論）を無視した分析は、基本的にどれほど優れた結果が導かれても受け入れられる可能性は低い。この制約は多岐に渡るが、代表的なものとして「データ量」、「データの種類」、「分析結果の表現」を説明する。

（1）　データ量
　データ分析、あるいはデータ分析と呼ぶ作業を行うにあたり、どれほどのデータ量を求めるのかは組織によって大きく異なる。データ量の表現に絶対の基準はないが、一つの考え方として「ビッグデータ」、「リトルデータ」、「ノーデータ」がある。

1）　ビッグデータ
　ビッグデータについて、統一された定義はおそらく存在しない。何をビッグデータとするか、どのようにしてビッグデータを認識するかは文字どおり人による。なお、一つの参考として、ビッグデータの特徴を表す 4V について以下に示す。

- Volume（量）：データの量
- Variety（多様性）：データの種類
- Velocity（速度）：データの流れる速度
- Value（価値）：大規模なデータから価値を発見するプロセス

　このような特徴の分類は、想定するデータがビッグデータかどうかを判断する一つの材料にはなる。

　例えば、Twitter を例に考えてみよう。Twitter には 2006 年にサービス開始してからの膨大なツイートデータが存在する。そのデータは、単なる文字だけにとどまらず、画像や動画、書き込み日時や場所など多様なデータが存在する。データは、膨大なアクティブユーザーが日夜書き込むという形で更新、蓄積され続けている。Twitter のデータは学術研究だけでなく新聞などでも分析・利用されており、価値を生み出している。このような点から、Twitter のデータはビッグデータと認識される。

　ビッグデータ分析では、基本的に量的データ分析が用いられる。ビッグデータは膨大なデータから、データを 1 件 1 件見ているのではわからない事実を発見することに意義があるため、質的データ分析を用いる意味は薄い。よって、仮にビッグデータの利用が最初から決まっているのであれば、質的データ分析は考慮の対象外となる。

2)　リトルデータ

　リトルデータは、ビッグデータと次項で示すノーデータの間にある、書籍や論文、Web 上などさまざまな形で存在するデータである。多くのデータはリトルデータと捉えられるものである。組織において暗黙の了解が設定されやすいデータ量は、基本的にここに分類されることが多い。すなわち、「30 件データがないとダメ」、「100 件は欲しい」、「1 件でも詳細がわかればよい」などである。基本的に、データ量が多ければ多いほど、量的データ分析を用いるほうが分析しやすく、データ量が少なければ質的データ分析を用いるほうが便利である。

3)　ノーデータ

　データがなければデータ分析はそもそも不可能なので、ノーデータを考える必要はないと思われるかもしれない。確かに、基本的にはそのとおりで、何もデータがない状態であれば、いかにデータを収集するかを考えるのがデータ分析者の使命であり、知恵の見せどころでもある。

　ただし、ある局面においてはノーデータが発生することを組織が許容しているかどうかが重要になる場合もある。その典型的な場面は、「他社が行った分析とまったく同じ分析を自社でも行いたい」という指示が下ったときである。他社を他者、他の文献などと読み替えてもよい。もし、「元ネタ」と同じデータがあれば理想的である。新たにデータを採取することでデータを確保できるならばよい。代替利用可能なデータがあれば何とかなるかもしれない。しかし、どうしようもなければ、ノーデータであることを組織に許容させるしかない。でなければ、できないことをできたかのように偽装するしかなくなる。

　データが存在しない理由は以下のようなことが考えられる[60]。

- 入手不可能：法律や規則によってデータの入手が許可されない。
- 公開不可能：データ公開が許可されない。
- 使用不可能：データは存在するが、データを解釈する情報がない。

　単にデータがとられていないというだけであれば、データをとるだけで解決するが、入手自体が不可能なデータも存在するだろう。法律や規制によって収集が許可されない場合もあれば、データを測定する方法がない、あるいは方法が公開されておらず再現できない場合もあるだろう。

　また、データは世界のどこかに存在しても、公開することが許されておらず、社会的には存在していない扱いであることもある。データは公開されていても、そのデータの背景情報が公開されておらず分析できないこともある。法律や倫理の問題からノーデータであることがわかるならば、そのデータ分析からは撤退しなければならない。問題は、そのことを組織が認めてくれるかである。

（2）　データの種類

　データの種類はさまざまである。一般的にイメージされやすいのは数値情報であるが、その他にもいろいろな形がある。データの種類の例として、以下の

60）　Borgman（2015）、邦訳、p.11-15。

ようなものがある。組織によって認められるデータの種類に制約があるのであれば、それは先に確認するほうが無難だろう。

- 文字中心：インタビュー記録、日誌、行政文書、ブログ
- 数値や文字以外：映像、写真、絵画、音楽、舞踊
- 数値情報中心：国勢調査、財務諸表、世論調査

（3）　分析結果の表現

　データ分析のアウトプット（結果）は何らかの意思決定に利用されるものである。それは生産現場の改善かもしれないし、新商品開発かもしれないし、経営戦略の策定かもしれない。どのような場面で利用されるか、言い換えるとどのようなプロセスのインプットになるかはともかく、他のプロセスのインプットになる以上、データ分析のアウトプットの形態にも気をつける必要がある。

　分析結果の表現は、大きく量的な表現と質的な表現に分けられる。データ分析の結果の利用者、あるいは利用プロセスが量的な表現のみを許容するのであれば、量的データ分析を用いる以外の選択肢はない。具体的にどのような手法を用いるにせよ、最終的に数値情報あるいは数値情報に基づく図表が必要となるだろう。

　逆に質的表現を利用するのであれば、文章表現やワードマップあるいは概念連関図のような表現も可能となるだろう。

　簡単にいえば、最終的にどのような形態の情報を求められるかだけである。数値情報を求められるのであれば量的データ分析は必ず用いる必要があるだろうし、数値以外の形態が許容されるなら質的データ分析も利用可能となる。

7.3.2　分析資源の制約

　データ分析に用いることが可能な資源も、分析手法を選ぶ制約要因になる。細かく分けるときりがないので、ここでは「ヒト」、「モノ」、「カネ」、「情報」による制約に大別して整理する。

（1）　ヒトによる制約

　ヒトに関していえば、分析者のスキルと分析者のマンパワーが非常に重要となる。新たに勉強するのでない限り、データ分析者が知っている手法しか用いることはできない。また、データ分析はデータを収集・加工するところから必要になる場合もある。質的データ分析を行うのであれば、観察せよインタビューにせよ、分業できるだけの人員が必要になるかもしれない。一方、量的データ分析でも綺麗なデータがそろっていない場合、例えば紙の資料からデータを作る場合などはマンパワーが必要になることもある。

（2）　モノによる制約

　モノに関しては、パソコンやインターネット回線などが典型である。ビッグデータを扱う場合や、比較的計算量の多い量的手法を用いる場合、パソコンの処理能力が重要となることがある。クラウドを利用する場合であっても、クラウドの処理能力が大事である。質的データ分析は、どちらかといえばIT資産の能力によって制約される側面は少ないため、分析機材がそろわない場合は質的データ分析のほうがよいかもしれない。

（3）　カネによる制約

　カネに関しては、情報収集のコストや時間などが典型である。どれだけの費用、どれだけの時間をかけてよいのかによって分析手法は変わり得る。大規模なアンケート調査を行うためにはお金も費用もかかるだろう。逆に、1件のアンケートや、現場での観察などであれば、費用は少なくて済む。その意味でいえば、質的データ分析のほうが量的データ分析よりも低コストで済むことが多い。

（4）　情報による制約

　情報に関しては、分析対象に対する知識の有無が分析方法の選択に大きな影響を与えると考えている。量的データ分析は、基本的に情報を数値として圧縮

する必要がある。そのため、どのような情報を数値として採取するのかはその背景から決める必要があるため、背景知識が必須である。もし仮に、研究対象に対する知識がないのであれば、観察でもインタビューでも文献レビューでも何でもよいので、背景知識を獲得すべきである。分析対象に関する知識がまったくないのであれば、するべきことは三現主義（現場・現物・現実）に則って、とりあえずは観察という質的データ分析を行うことである。

　情報に関して補足的にいえば、何よりも大事なことは分析対象に関する知識、可能ならば「因果関係」についてどこまでわかっているかである。具体的には、因果関係図を書くことができるかが何よりも重要となる。これがある程度書けなければ、適切な測定も計算も絶対に無理である。観察やインタビュー、文献調査などである程度因果関係を把握してから、それを調査に落とし込む必要がある。

　図 7.1 はいくつかの因果関係を示したものである。量的データ分析を行う場合、どのような変数があるのか、変数間の関係はどうなっているのかが不明であると、適切な分析が行えない。図 7.1 のような因果構造をある程度描けなければ、分析を誤った方向に導いてしまう可能性が高い。それゆえ、因果構造が不明な場合は、予備調査を行うか、質的データ分析で因果構造をある程度探求するほうが望ましい。

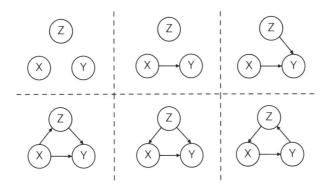

図 7.1　いろいろな因果関係の例

7.3.3 目的の制約

　組織による制約や資源の制約がなければ、データ分析の方法はデータ分析を行う目的から選ぶべきである。ただし、企業のデータ分析の目的について、抽象的には「意思決定の支援」というような表現ができるが、個別具体的に見ていくとおそらく無数に存在する。「生産現場の課題を見つけたい」という場合もあれば、「改善の効果を検証したい」などもあるだろう。すべての目的を取り上げることはできないので、「分析の向き・不向き」と「分析結果の頑健性」の2つの視点から説明する。

　一般的あるいは比較的よく説明に用いられる質的データ分析と量的データ分析の違いを以下に示す。

- 量的データ分析：仮説証明、結果検討、予測・検証
- 質的データ分析：仮説構築、プロセス検討、理解・説明・解釈

どちらかといえば仮説の証明に用いやすいものが量的データ分析であり、仮説構築に使いやすいのが質的データ分析である。もちろん、無理に分類すれば、ということなので、量的データ分析のすべてが仮説の証明に向いているわけでも、質的データ分析のすべてが仮説構築に向いているわけでもない。例えば、テキストマイニングは量的データ分析ではあるが、どちらかといえば仮説の構築に向いた手法である[61]。

　最終的には個別の分析手法を選択することが必要となるので、あくまで参考程度として理解してもらえれば幸いである。

7.4　実際のデータ分析の進め方

　データ分析の手順に決まった方法はないが、1つの例として説明すると、次の7段階として考えられる。

61）　高木(2018)。

① 目的を定める（現状確認・改善・仮説検証・仮説構築）。

② 組織の制約を確認する（データの量、種類、分析結果の表現）。

③ 分析資源の制約を確認する（利用可能資源の制約、因果関係の明確化）。

④ データ収集・分析の方法を考える（分析の全体像の決定）。

⑤ データを収集する。

⑥ データを分析する（量的データ分析・質的データ分析）。

⑦ 分析結果を利用する（改善など）。

　まず、①〜③の段階として、目的、制約、資源の観点から調査・分析方法を検討することが必要である。目的を定めて、組織の制約を超えることを考えてもよいし、制約を踏まえて現実的な目的を設定してもよい。どちらにせよ、①〜③の段階の観点を適切に押さえて、④のデータ収集や分析の方法を検討・決定する、すなわちリサーチデザインを行うことが望ましいだろう。その後、⑤・⑥においてデータ収集と分析を行う。最終的に⑦として、分析結果を利用して組織に貢献する、という流れとなる。

　なお、便宜上番号を振ったが、1 方向で進まなければならないわけではない。分析結果から再度データ収集を行うことなども、ごく普通に行われている。あくまで、1 つの進め方の例として認識してもらいたい。

7.5　第 7 章のまとめ

　本章では、調査・分析の方法について説明した。簡潔にまとめると、下記 3 つとなる。

- 量的データ分析、質的データ分析、混合データ分析の 3 つがある。
- 調査と分析の前に、組織、資源、目的をしっかり確認する必要がある。
- 原則、分析方法は目的に適合してさえいれば何でもよい[62]。

---

62)　本章については、Borgman（2015）、佐藤（2008）、サトウ他（2019）を参考にしている部分が多い。より詳細に知りたければ、これらの書籍を参考にすることをお勧めする。

第8章

量的データ分析の基本

8.1　量的データ分析の流れ

　量的データの分析は、一定の手順がある。適切な結果を得るためには、パソコンを用いたデータの計算を理解するだけでは不十分であり、計算の前処理と後処理についても知っておく必要がある。計算自体は近年のソフトウェアが勝手にやってくれることが多いが、前処理と後処理まで自動にやってくれることはまだまだ少ない。より正確にいえば、自動化は進んでいるが、完全に任せることはしないほうがよい状況にある。

　本書では、量的データ分析の流れを下記のように整理して説明する。8.2 節では目的確認からデータ収集と前処理まで解説し、8.3 節では計算（統計）部分を解説する。8.4 節では後処理について解説する。

8.2　目的設定・データ収集・前処理

8.2.1　データ分析の目的・仮説・制約の確認

　第 7 章で述べたように、データ分析において、目的の確認はもっとも重要なことである。基本的にデータ分析の結果は何らかの意思決定に用いられる。その意思決定がどのようなものであるのか、すなわちデータ分析の後に来るプロセスが何を求めているのかをまずは確認・確定させなければならない。

　さらに、データ分析に利用可能な資源や許されるコストといった制約も確認しておくとよいだろう。量的データの収集や分析には時間や費用がかかることが多い。予算によって、100 件のデータを収集できる場合も、10,000 件のデータを収集できる場合もあるだろう。1 日で分析しなければならないこともあれば、1 週間かけることもある。いずれにせよ、目的に合わせて資源の確保も行うべきである。

8.2.2　データ収集

　目的が明確になれば、次に行うのはデータの収集である。量的データの場合、一般的にデータ収集の方法は全数調査と標本調査に分かれる。

- 全数調査(悉皆調査)：調査対象となる母集団すべてについて調査する
- 標本調査：母集団の中から抽出した標本を調査する

　全数調査は母集団すべてを調査することであり、標本調査は母集団から対象を絞ってサンプルとしてデータを集めることである。国勢調査などを除く多くの調査は費用の問題から標本調査をすることが一般的である。この母集団からいくつかの標本を抜き出すことをサンプリングと呼ぶ。サンプリングで大事なことは、母集団をいかにうまく反映してサンプリングを行うかである。偏った標本からは偏った分析結果しか得ることはできない。サンプリング方法についてはいくつか存在するが、下記のようなものが代表的である。

- 単純無作為抽出法：母集団から完全にランダムに標本を選ぶ。
- 集落抽出法：母集団をいくつかの集団(クラスター)に分け、ランダムに選んだクラスターについて全数調査を行う。
- 層別抽出法(層化抽出法)：母集団を特定の層に区分し、層ごとにランダムに標本を選ぶ。
- 多段抽出法(層化多段抽出法)：集落抽出や層別抽出を何段階かに分けて行う。
- 系統抽出法：特定の間隔(例えば、時間、ID)ごとに標本を選ぶ。

　サンプルサイズについては、できる限り大きくすることが望ましい。もちろん、計算によってある程度サンプルサイズの目安は考えることができる。明確な根拠があるわけではないが、最低30件、できれば100件以上が統計分析の条件という言い方がされることもある。1変数30件で、変数が増えるごとにサンプルサイズも大きくすべきという意見も聞く。サンプルサイズが大きくなると、わずかな有意差でも有意になる点には注意が必要かもしれない。ただ、いずれにせよデータは貴重なので、データ収集の負荷などを考慮しながらたく

さんとろう。

　サンプルサイズについては、後に用いる統計手法が明確であれば計算である程度求めることができる。例えば、2 変数(2 群)の平均値差を $\alpha = 0.05$ で検定したいのであれば、平均値の差、α、β(検出力)、標準偏差、サンプルサイズ比がわかっていれば、どのくらいのサンプルをとるのが望ましいか、計算で求めることも可能である。しかし、事前に平均値の差や標準偏差を厳密に把握することは困難であるし、その想定が外れた場合に再度データをとり直すのは困難である。データをとることの負担との相談にはなるが、量的データ分析を行うのであれば、データは多くとるほうが基本的にはよい。

サンプリングの難しさ

　データ分析において、もっとも自然科学と社会科学の違いが出るのがデータ収集(サンプリング)の場面である。

　すべての自然科学、とは口が裂けても言えないが、自然科学、特に工学は実験が可能なことが多い。生産現場であればサンプル採取は比較的容易にできる。センサーデータを用いれば機械の稼働状況を把握することもできる。モノは嘘をつくことがない。母集団は比較的想定しやすく、コストの問題を度外視すれば、いかにしてランダムサンプリングを行うかに意識を向けることに集中できる。

　一方、社会科学は実験ができないことが多い。企業の経営に関する研究だからといって、新しく企業を作ることはともかく、倒産・廃業させることはできない。また、ヒトは嘘をつくし誤解もする。アンケートをとっても回収率が 30%以下のこともざらにあり、「アンケートに答えてくれる回答者」というバイアスは常につきまとう。人間を対象とする調査は倫理的な配慮がとても重要となる。一歩間違えば、SNS などで派手に炎上する。

　調査会社を利用する Web アンケートも同様である。Web アンケートは、「調査会社に登録した人が謝礼を条件に回答する」という形である。では、調査会社に登録する人はどのような人だろうか。謝礼の多可によって回答す

る人は変わらないだろうか。

　社会科学のデータは、自然科学のデータほど綺麗ではない。だからといって分析が無意味というわけではない。データが歪んでいる可能性を意識して利用することが重要だというだけの話である。

8.2.3　量的データの前処理

　得られたデータについて、統計的な計算を行う前に行う処理を前処理と呼ぶ。前処理はデータの種類によって異なるが、量的データの場合は大きく分けて「データの整形」と「欠損値の検討」がある。

（1）　データの整形

　データの整形は、得られたデータを綺麗な形に整えることである。その際によく利用されるのが「整然データ」という概念である。整然データとは次の4つの条件を満たすようなデータである[63]。

　①　個々の変数が1つの列をなす。

　②　個々の観測が1つの行をなす。

　③　個々の観測の構成単位の類型が1つの表をなす。

　④　個々の値が1つのセルをなす。

　なお、データの表記ルール（整形のルール）については、総務省が「統計表における機械判読可能なデータの表記方法の統一ルールの策定」[64]として非常によくまとめているので、そちらも参照してほしい。なお、もう少し詳しくデータの整形について知りたければ、第一正規形、第二正規形などの言葉で調べると役立つ知識が得られるだろう。非常に基本的なところだけで考えるのであれ

---

63)　Wickham（2014）を参照。
64)　総務省（2020）を参照。

表8.1　整然データの形式例

No.	変数1	変数2	変数3
1	1	A	100
2	1	B	150
3	2	A	110
4	2	B	200
5	3	A	130
6	3	B	60

ば、表8.1のように、1つのセルに1つの数値だけが入る整然データの形式を
まずは意識すればよい。

　また、明確に誤記載とわかるものがあれば、この段階で排除しておくほうが
よいだろう。

（2）　欠損値への対処

　数値データの前処理でもっとも難しいことは欠損値への対処である。欠損値
がある場合、削除するか代入するかの方法をとることになる。なお、その欠損
の理由を検討することが難しい場合は、そもそもその変数を利用することをや
めるべきかもしれない。

　欠損の形は大きくMCAR（Missing Completely At Random）、MAR（Missing
At Random）、MNAR（Missing Not At Random）の3つに分けられる。

　MCARは、欠損値が完全ランダムに発生している場合を指す。この場合、
欠損値を削除しても大きな問題になることは少ない。

　MARは、欠損値の変数以外の要因で欠損している場合である。ある製品の
不良品数の場合、A工場の人は不良品数を回答しない、といった、不良品数
の多さではなく、工場という別の変数によって欠損が発生する状況を指す。

　MNARは欠損値の値が原因で欠損している場合である。ある製品の不良品
数だと、「不良品が多い日は、不良品数が報告されない」などである。

欠損値の処理は、大きく削除と代入の2つに分けられる。

削除は手続きとしては簡単である。しかし、欠損値の出方によって、すなわち MAR や MNAR であるとデータを歪める可能性が高い。

一方、代入には以下の方法がある。

- 単一代入法：平均値など単一の値を代入する。
- 多重代入法：複数の代入結果を統合して分析結果を出力する。

単一代入法は比較的簡単であるが、結果が歪む可能性がある。多重代入法は、**図 8.1** のように、元データを書き換えるのではなく、分析時にいくつもの代入値を作成し、その代入値を元に計算して得られた結果を、後で統合する方法である。結果を歪める可能性が一番小さいが、別途分析を行う必要があり、他の手法に比べて面倒である。

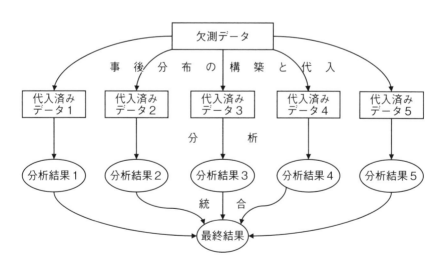

出典）　高橋将宜・渡辺美智子：『欠測データ処理』、共立出版、2017 年、p.45

図 8.1　多重代入法のイメージ

8.3　基礎的な量的データの計算

　データの整形ができたら、次は計算を行うことになる。この計算には、第9章で説明する複雑な計算も含まれるが、本章では比較的簡単な計算手法について紹介する。具体的には、グラフ化、記述統計、基礎的な推測統計である。

　これらの簡便な計算手法は軽視されやすい。しかしながら、目的とする分析結果が簡便な計算手法で十分導出できるのであれば、複雑な計算を用いるよりも費用や時間の節約となる。また、簡便な計算手法は誤魔化ししにくいという利点もある。

8.3.1　グラフ化

　グラフ化とは、簡単な計算をもとにデータを図示することである。どのような図示を行ってもよいが、下記によく用いられる手法を挙げる。

- 折れ線グラフ：データの時間的推移
- 棒グラフ：大きさの比較や分布
- 円グラフ：構成要素の比率
- 帯グラフ：構成要素の比率と絶対量
- パレート図：重点指向すべき問題の確認
- 散布図：2変量の関係の把握

ビッグデータの場合、すべてのデータを用いて図示するのは難しいかもしれない。ただ、そのような場合でも一部のデータを抽出して図示することには意味があるだろう。

8.3.2　記述統計

　記述統計とは、得られたデータの性質を数値的に把握するための統計手法である。原データ（数値の羅列）を眺めることも大事だが、データの特徴を簡潔に把握するためには記述統計として集約・整理し、いくつかの指標を見ることが

表8.2 クロス集計の例(天気と日数)

	1月	2月	3月
晴れ	5	4	10
曇	8	3	10
雨	3	5	5
雪	15	16	6

望ましい。

　データの性質を把握するうえでよく用いられる指標を以下に示す。

- 平均値・中央値：データの平均や中心の確認
- 最大値と最小値：データの範囲、外れ値の確認
- 分散と標準偏差：データのばらつきの程度の確認

　まずは、このような指標を変数ごとに確認することで、データのもつ性格を把握することが必要になる。

　必要があれば、クロス集計表を作成することも非常に有用である。クロス集計表とは、縦軸と横軸に変数を配置し、それぞれの数値の集計値を記載する手法である。表8.2をイメージしてもらえばよい。表8.2は各月における天気の日数を集計したものである。

8.3.3　推測統計

　推測統計とは、得られたデータから計算を用いて母集団の性質や特徴を分析する統計のことを指す。この推測統計は非常に多様な手法があり、第9章で述べるAIを用いた分析手法もここに入る。ここでは、第9章では取り上げず、それでいて比較的よく用いられる手法について解説する。

(1)　相関分析

　相関分析とは、2変数間の関係を分析するものである。片方の変数が増加したとき、もう片方の変数も増加するならば正の相関、片方の変数が増加したと

き、もう片方の変数が減少するならば負の相関となる。その相関の強さを数値
として計算することを相関分析、相関が0でないか検定することを無相関の
検定という。図8.2は左側が正の相関、右側が負の相関を示したイメージであ
る。

（2）　平均値の差の分析

　平均値の差の分析とは、2つないし2つ以上の変数の平均値に差があるのか
どうかを分析する手法となっている。分析のイメージとしては、図8.3のよう

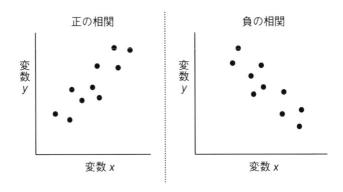

図8.2　相関分析のイメージ

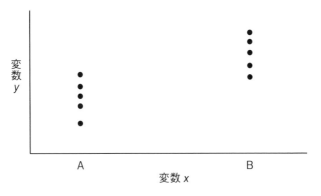

図8.3　平均値の差の分析のイメージ

なものである。変数 A と変数 B について、変数 y に対してプロットし、平均値に差があるかを検討したものである。

8.3.4 データ分析において大事なこと

データ分析において大事なことは、グラフ化、記述統計、推測統計を利用しながら、できる限り適切なデータ分析を行うことである。グラフ化だけでは数量的な把握、予測に用いるのは難しい. 一方、記述統計でだけは母集団について確かなことが言えず、推測統計だけでは前提条件や制約を考えるのが厳しくなる。

例えば、グラフ化の重要性を示すものとして「Anscombe's Quartest」がある [65]。図 8.4 は、Ascombe's Quartest として知られている散布図である。4 つの散布図すべてが平均も標準偏差もほとんど同じであるが、明らかに 2 つの変

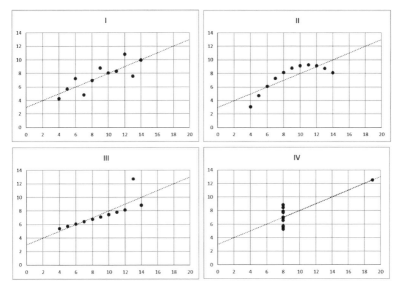

Anscombe(1973)のデータより作成。

図 8.4 Anscombe's Quartest

数間の関係は異なっている。

8.4 後処理

8.4.1 分析結果の可視化

これまで述べてきたように、データ分析は何らかの意思決定に用いられるものであり、意思決定者に対して適切な形で分析結果を可視化して示す必要がある。基本的には、意思決定者のニーズに即した分析結果を提示することが原則であるが、その原則を守るうえで考えるべきことは大きく2つに分けられる。

① 意思決定者の統計知識の有無
② 意思決定者が分析結果を確認する時間の有無

意思決定者の統計的知識の有無は非常に重要である。統計的知識をもたないのであれば、インプットとアウトプットだけ示して分析過程を示すことは避けるほうがよいかもしれない。逆に、統計的知識があるのであれば分析過程も示して反論や検証できるほうがよいだろう。

また、意思決定者が分析結果を確認する時間があれば、詳細に資料を作り、そうでなければ省くほうがよい。

例えば、前述の相関分析についても「相関行列」として見せるほうが効果的な場合と、図示するほうが効果的な場合があるだろう。相関行列を用いれば、関係するすべての変数の関係を示すこともできる。逆に、図示すれば統計的な知識がない人にも相関の強さ・弱さを明確に伝えることができる。

8.4.2 効果検証の手法

ここまで、データ分析によってデータの特徴や母集団を知るという観点からの考え方や手法を紹介した。これらの多くは、あくまで手元にあるデータから母集団を推測するためのものである。実際には、分析の後に改善を行い、さら

---

65) Anscombe(1973)を参照。

にその改善効果を知りたいことも多い。そのような場合には、以下のような効果検証の手法を用いることが有効である。

- データの取り方：実験計画法、RCT/AB テスト
- 分析手法：DID（差分の差分法）、RDD

効果検証には「実験計画法」や RCT が用いられる。実験計画法とは、変数が複数あり、それぞれの変数にいくつかの水準があるときに、効率的に水準を割り振る方法である。主に工学的な分野で用いられ、実験を効率よく行うための手法である。RCT（Randomized Controlled Trial：無作為化比較試験）とは、サンプルをランダムに分割し、片方に介入を、もう片方をそのままにすることで、介入の効果を比較するものである。Web 分野では AB テストと呼ばれることがある。

実験が困難な場合、あるいは、完全にランダムに決定できない場合によく用いられるのが DID や RDD である。DID（Difference in Difference：差分の差分法）とは、介入前後の差分を、介入されたグループと介入されなかったグループで比較する方法である。DID を図示すると図 8.5 のようになる。なお、DID を使えるのは介入群と対照群が分けられることが条件となる。例えば、店舗改装と値下げを同時に実施した場合の売上への影響など、複数の介入が同時に行われる場合は利用できない。

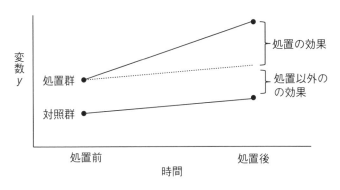

図 8.5　DID のイメージ

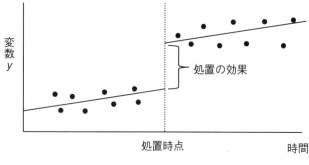

図 8.6　RDD のイメージ

RDD（Regression Discontinuity Design：回帰不連続デザイン）とは、処置群と非処置群を同時に観測できない場合に用いられる手法である。図示すると**図8.6** のようになる。例えば、1 店舗だけしかない販売店で「値下げが売上に影響を与えたのか」を検証するために用いられたりする。もちろん、時系列だけでなく、何らかの基準でもよい。回帰については**第 9 章**での説明となるが、イメージはつかめるかと思う。

8.5　第 8 章のまとめ

本章では、量的データ分析について解説した。まとめると、下記 3 つとなる[66]。

- 目的や制約を最初に確認しよう。
- 図示、記述統計、推測統計をうまく組み合わせて分析しよう。
- 分析結果の可視化や効果検証などを利用しよう。

---

66)　本章については、有賀他(2018)、安井・㈱ホクソエム(2020)を参考にしている部分が多い。より詳細に知りたければ、これらの書籍を参考にすることをお勧めする。

第9章

AIを用いた
データ分析

9.1　AI 狂騒曲

2014 年ごろから、第 3 次 AI ブームに突入したとされる。これまでに解説した DX、IoT、クラウド、ビッグデータなどと絡みながら、AI、機械学習、データサイエンスなどの言葉が世の中で踊っている。本書を執筆している 2022 年初めに至っても状況は変わっておらず、あらゆるところで夢と希望にあふれた話が聞こえる。

確かに、AI によって飛躍的に向上したものもある。例えば、自動翻訳サービスは AI の導入によって劇的に質が高まった。他にもさまざまなサービスが日々生まれている。

それだけであれば他人事であり、自らの生活が豊かになるだけで済むが、多くの企業で「AI を使って何かしたい」という需要が生まれ、「AI を使って何かしろ」という指示が下りてきている、と聞く。具体的には、下記のような命令である。

- AI を使ったサービスを作れ。
- 製品に AI を利用せよ。
- 次の決算報告に AI という言葉を入れるためにプロジェクトを作れ。

本来、ビジネスモデルあるいはオペレーションの改善をするという目的が先であり、そのために AI を用いるという形がまっとうである。しかし、広告宣伝などの事情から、AI を使って分析することを前提として、その分析を利用するサービスを作らなければならない現場も多い。

そのようなことを念頭に、本章では、AI や機械学習について入門的な内容を説明し、その後に量的データ分析の局面における AI について解説する。想定しているのは生産現場の良品・不良品などのデータ分析やアンケート結果の分析であり、音声・動画などの解析については解説しない。

AI 利用の一番簡単な方法は、オペレーションを自社で分析し、あるべきプロセスを検討し、そのプロセスを専門業者(IT コンサル・SIer)に提示して、

AI を用いたシステムを作成してもらうことだろう。しかし、予算も何も割り当てられず、「AI を使え」と言われれば、嘘をつかない範囲で AI に含まれる技術を使ったふりをするしかない。そのための一助となれば幸いである。

外部の力を借りる

人生は短いが、学ぶことは無限にある。さらに厄介なことに、学問の進歩は恐ろしく早く、キャッチアップすることすらとてつもない労力と時間がかかる。恥ずかしながら、筆者は自分野（経営学）ですら到底追い切れておらず、まして統計学や機械学習については何もわかっていないに等しい状態である。

学習の時間が限られる以上、学習できる内容にも限界がある。そこで大事なことは、「困ったときに相談できる先」の確保である。これもさまざまな形が考えられる。

無料の相談先があれば理想的である。友人、知人、卒業した大学の指導教官、職場の同僚などである。無料だからといって甘えるのはよくないが、「とりあえず聞いてみた」ができる可能性は高い。お礼はしよう。

無料から比較的安価なものとして、市民講座や公開講座などがある。講座の質はともかく、講座の後に担当者に質問するくらいはできるだろう。場合によっては、別途相談の時間を作ってくれるかもしれない。近年はオンラインの授業・研修も非常に充実している。そこを切り口にできるかもしれない。

有料の研修を利用するのも一つの手である。絶対とは言わないが、価格は責任と直結する。しっかりとした組織による価格の高い研修は複数人で研修内容をチェックしている。受講者も費用によって選別されるため、そこで得られたネットワークは役立つだろう。

教育現場ではよくあることだが、「助けてください」、「教えてください」とうまく言える人間は強いし、学習も早い。

9.2　AI による分析とは何か

9.2.1　AI とは

　AI（Artificial Intelligence：人工知能）の定義自体が非常に多様である。画像認識、音声認識、機械翻訳、検索、学習支援など、使われる領域も非常に多様であり、目的も多様であり、何でもありである。

　総務省（2019）によれば、AI とは、「人間の思考プロセスと同じような形で動作するプログラム全般。あるいは、人間が知的と感じる情報処理・技術全般」である。一方、機械学習（ML：Machine Learning）とは、「AI のうち、人間の「学習」に相当する仕組みをコンピューター等で実現するもの」であり「入力されたデータからパターン / ルールを発見し、新たなデータに当てはめることで、その新たなデータに関する識別や予測などが可能」なものである。深層学習（DL：Deep Learning）とは、「機械学習のうち、多数の層からなるニューラルネットワークを用いるもの」であり、「パターン / ルールを発見するうえで何に着目するか（「特徴量」）を自ら抽出することが可能」なものである。

9.2.2　AI による分析の手法

　AI について理解するためには、数学の知識が必須となる。基本的に数学的な視点も含めて基礎から勉強することが望ましい。しかし、仕事の中で AI 利用に直面した場合、到底そのための時間が足りないことが多い。

　本書は数学的な知識は抜きにして、とりあえずのイメージを提供することを行う。興味を惹くものがあれば、専門書を読んで利用し、時間的余裕を見つけて数学を学んでもらうことを想定している。決まった分析を行うだけであれば、分析過程はブラックボックス化していてもとりあえずは使えなくもない。本章では、一般的に用いられている AI、正確には機械学習による分析方法を紹介する。

9.3 機械学習によるデータ分析

機械学習を説明するとき、一般的には3つに大きく分けて説明する。

- 教師あり学習：正解のあるデータに対する機械学習。
- 教師なし学習：正解のないデータに対する機械学習。
- 強化学習：試行錯誤による機械学習。

外部から何らかのデータを採集し、それを分析して何らかの知見を得るという点では、教師あり学習と教師なし学習が一般的に用いられるため、それら2つについて、以降では概説する。

9.3.1 教師あり学習

教師あり学習とは、原因変数と結果変数が与えられており、そのデータから原因と結果の関係を分析するものである。原因変数から結果変数を予測するモデルを計算する方法という言い方もできる。

目的変数が数値である場合を回帰、男性・女性などカテゴリー変数である場合は分類と呼ばれることが多い。多数の手法が存在するが、よく用いられるものは以下のとおりである。

- 単回帰分析：1つの変数で1つの変数を説明。
- 重回帰分析：複数の変数から1つの変数を説明。
- ロジスティック回帰：サンプルを線形で2値に分類。
- k-nn(k近傍法)：サンプルを非線形に分類。

(1) 回帰分析

単回帰分析とは、1つの独立変数から1つの従属変数を説明するものである。図示すると**図 9.1**のようになる。なお、数式を複雑にしてデータをより正確に表すことは可能である。しかし、数式が難しくなれば、解釈が簡単という単回帰分析の利点を弱くしてしまうことになり、あまり意味がない。

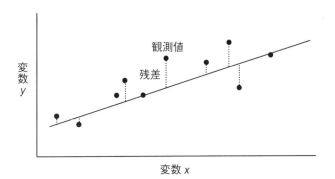

図 9.1　単回帰分析のイメージ

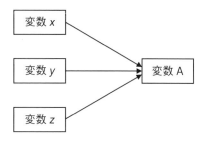

図 9.2　重回帰の因果関係のイメージ

　重回帰分析とは、複数の独立変数により 1 つの従属変数を説明するものである。図示すると**図 9.2** のように描くことができる。

　回帰には他にもさまざまなものがあり、係数に罰則を与えてより頑健性を高めた Lasso 回帰や Ridge 回帰などがある。うまく分析できない場合は他の回帰も利用すればよいが、基本は単回帰分析と重回帰分析にあり、まずはそれを行うのがもっとも簡単であろう。

（2）　分類

　分類とは、複数の入力から質的な回答を得るものである。端的にいえば、良品・不良品を判別するようなことに用いられる。

　分類には、線形分類と非線形分類がある。線形分類と非線形分類を図示すると、**図 9.3** のように描かれる。

　ロジスティック回帰は、複数の入力から、サンプルを 2 値に分類するものである。ロジスティック回帰は線形分類であり、境界は直線となる。すなわち、直線によって分類できるようなものには向いているが、そうでないものには向いていない。

　良品・不良品など比較的基準がはっきり分かれやすいものについての分類には向いていることが多い。なお、実際にはこの分類をもとに、発生確率（オッズ比）を求めることで、原因変数から 2 値のどちらになる確率が高いかを求めることができる。

　非線形分類の手法としては、SVM、ニューラルネットワーク、k-nn などが存在する。計算手法などは違うが、いずれも非線形の課題に対応している。ただし、カーネルの選択、学習時間や過学習の問題、ハイパーパラメータの設定など、よい点・悪い点が存在する。詳細は割愛するが、非線形手法が必要な場合はそのような設定に気をつけるとよい。

第Ⅲ部　データ分析の技術

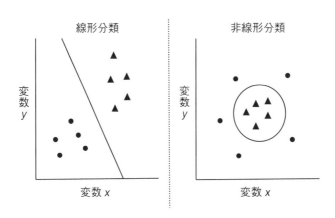

図 9.3　線形分類と非線形分類のイメージ

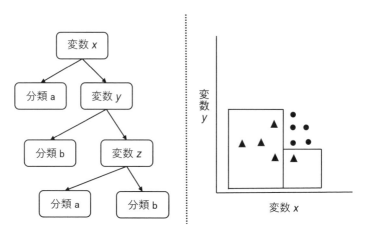

図9.4　決定木のイメージと境界

（3）　樹形図による分析

　樹形図（デンドログラム）をイメージとしてもつ分類の分析手法が決定木や
ランダムフォレストである。決定木とは、**図9.4**のようなイメージのものであ
り、樹形図の構造でもってデータを分析していく手法である。1つの樹形図を
決定木、複数の樹形図から分析する方法をランダムフォレストと呼ぶ。どの分
類が大きな影響をもつのか分析できるのでわかりやすいが、線形分類可能な
データには不向きな手法となる。

9.3.2　教師なし学習

　教師なし学習とは、データをいくつかのグループに集約、ないし次元を削減
するものである。下記のような方法が存在する。
- クラスタリング：階層クラスター分析、k-means法
- 次元削減：主成分分析、因子分析

　教師なし学習は、目的変数が決まっていないというところが、回帰や分類と
もっとも違う点である。クラスタリングはサンプルの分類においてよく用いら
れ、変数の削減や合成を行う場合には次元削減の手法が用いられる。

（1）　クラスタリング

　クラスタリングとは、サンプル間ないし変数間をグループ分けするものである。教師あり学習と違い、こちらはあらかじめグループ数（従属変数）が決まっていない。データ全体（独立変数）から、サンプルをグループ分けするためによく用いられる。

　階層クラスター分析とは、もっとも近いものを順に足し合わせながらグループ分けする手法であり、図9.5 左の状況であれば、図9.5 右のような樹形図が

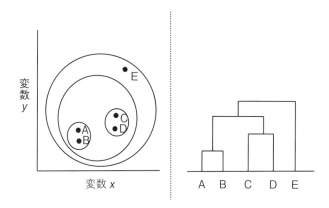

図9.5　階層クラスター分析のイメージ

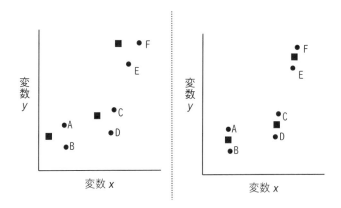

図9.6　k-means 法のイメージ

構築される。一方、k-means法は、最初に重心数(クラスター数)を指定し、ランダムに割り振った重心から徐々にグループ分けの最適値を修正していく手法であり、**図9.6**のように描かれ、左図を右図のように修正する形で計算されていく。階層クラスター分析のほうがグループ分けの流れは理解しやすいが、計算量が多くなりがちという欠点がある。一方、k-means法はランダム性が残ることと、最初のクラスター数の設定によって結果が大きく異なることが特徴である。

(2) 次元削減

次元削減(または合成)の手法として、主成分分析と因子分析を紹介する(**図9.7**)。

主成分分析とは、多数の次元からなるデータを、2つないしいくつかの成分に圧縮する手法である。多くの変数があり、その変数から合成変数を作成することといってもよい。考え方はまったく逆であるが、多数の変数が共通の因子によって成り立っていると考える次元圧縮技法が因子分析である。

主成分分析は合成変数を作成しやすくエラーが出にくいが、変数間の関係の解析には向いていない。一方、因子分析は条件設定を誤ると分析がまともに回

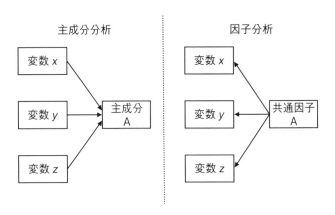

図9.7　主成分分析と因子分析のイメージ

らないが、因子間の関係の把握には向いているとされる。

9.3.3　学習結果の評価方法

　何らかの分析結果が出たら、分析結果がどの程度妥当か確認しなければならない。その際、見るべきポイントは「評価の指標」と「過学習の有無」である。

(1)　評価の指標

　学習した結果がどの程度正しいものなのか、確認するもっとも手っ取り早い方法は、それぞれの分析手法でほぼ必ず示されるいくつかの指標を確認することである。

　回帰であれば、平均二乗誤差や決定係数がある。複数のモデルを比較したいのであれば、AIS なども利用できる。分類であれば、正解率や再現率、適合率などの指標を確認すればよい。

(2)　過学習

　学習結果を捉えるうえで、非常に注意しなければならない要素が過学習である。過学習とは、過剰にデータに適合した分析結果のことで、過剰に適合した分析結果は、新しいデータをとった際の予測に役立たないことが多いため、よくない。過学習を抑えるためのテクニックとして、交差検証、正則化などがある。

　交差検証とは、データを「訓練用データ」と「検証用データ」に分け、訓練用データで学習したのちに、検証用データで検証結果を確認するものである。正則化とは、計算過程に一定の負荷（ペナルティ）を与えてより頑健にするものである。

9.4　AI 利用の注意点

　本章では AI を用いたデータ分析の方法を確認した。最後に、このような AI(機械学習)を用いた統計分析に対する注意点をまとめる。

9.4.1　分析手法の制約を確認する

　分析手法にはそれぞれ得意・不得意、前提など、制約というべきものが存在している。単回帰分析は非常に単純でわかりやすいが、あくまで因果関係が一対一のものにしか適応できない。一方、重回帰分析は多対一を想定したものであるが、「独立変数間の相関なし」という仮定が前提としてあるし、そもそもとして「投入する変数」を変えると結果は大きく変わる。他の手法も同様であり、計算過程の数学的な理解自体は後回しにしたとしても、用いる分析手法の制約や条件はしっかりと確認することが望ましい。

9.4.2　外挿に注意する

　すべてのデータ分析において注意が必要な事項として、外挿の問題を挙げておこう。外挿とは、あるデータからデータ範囲外の事柄について予測することである。機械学習の学習結果は、あくまで得られたデータからの学習であり、当然のことであるがデータに依存する。データの範囲外については「未知」ということが正しく、データの範囲外について既存の学習内容から推測することは適切ではない。これは、大量のデータを集めて行う機械学習であっても避けることはできない。

　わかりやすい例として、気温とアイス販売数を考えてみよう。現時点でとれるデータは「5 〜 35℃の間の販売データ」だとする。仮に 40℃の地域で販売することを考えた場合、5 〜 35℃の間の販売データで学習した結果を 40℃の販売予測に使うことは不適切である。「暑くなるほど売れる」可能性もあるが、「40℃を超えると人は買い物に行くこともできないので売れない」というとい

う予測も成り立つ。あくまで、データ分析はデータの範囲内で使うことを原則とするということは意識する必要がある。学習データの範囲外のことを議論する場合は、新たにデータをとって、再度計算することが重要となる。

9.4.3　分析手法は手段にすぎない

最後に、本書全体で何度も繰り返しているが、AIは手段であり、目的ではない。徐々に高度なAIも定番の手法や行い方が固まってくるものと思われるが、現時点で最新かつ手順が固まっていない手法を用いるメリットはそれほど大きくない。

筆者自身も勉強中の身であるが、AIについてよくわかっていない人ほど、謎の夢を見て、「AIで行え」と指示を出してくる。複雑な手法になればなるほど、データ量が必要になり、制約（パラメーター設計など）も考えなければならず、非常に面倒なことが多い。手段は手段であり、目的から考えるという意識は忘れるべきではない。

9.5　第9章のまとめ

本章では、AI、特に機械学習を用いた分析について解説した。まとめると、下記3つとなる[67]。

- 機械学習には、教師あり学習、教師なし学習、強化学習がある。
- 回帰、分類、クラスタリング、次元削減は知っておくと便利。
- AIによる分析は手段であり、目的ではない。

---

67)　本章については、有賀他(2018)、小杉(2018)、斎藤(2018)、Provost and Fawcett (2013)を参考にしている部分が多い。より詳細に知りたければ、これらの書籍を参考にすることをお勧めする。

第10章

テキストデータ分析

10.1　テキストデータ分析の幻想

　テキストデータは文章情報すべてを指す。テキストの形になっていれば、音声情報でも何でもよい。例えば、下記のようなデータを挙げることができる。

- 会議文章、営業日報・月報、有価証券報告書
- コールセンターにおける応対の文字起こし
- 新聞、Web クチコミ、blog、SNS など

　テキストデータは昨今特に増加しているように見え、宝の山のように語られることも多い。そして、下記のような指示が下されることとなる。

- Twitter・Facebook・blog を利用して新商品の企画を考える。
- コールセンターのクレームから顧客の要求を考える。
- 営業日報から営業活動の改善を考える。
- 社内 SNS を分析して新しい人事施策を考える。

　確かに、研究においても実務においてもテキストデータ分析を利用して成果を上げている例は事実として存在する。ただし、それぞれの例は数値データと同様に分析のための工夫やさまざまな障害を乗り越えて利用しているのであり、自動的に、勝手に、すべてやってくれるテキストデータ分析は存在しない。テキストデータ分析は、他の量的データの分析よりもむしろ泥臭く、トライアンドエラーが必要な分野である。

　テキストデータから何らかの知識や情報を引き出す技術や方法、または分析の総称がテキストマイニングである。一般的に、コンピューターの使用を念頭に置いている。

　以降では、テキストデータ分析の分析過程に沿いながら、特にテキストマイニング特有の視点や押さえるべきポイントについて解説する。

10.2　テキストデータの前処理

　テキストデータ分析ではパソコンなどを使用するが、その際自然言語をそのままでは処理できないので、テキストデータを数値データに変換するという処理が必要となる。実際に、テキストデータを単語に分割して品詞を認識する工程を形態素解析という。さらに、形態素解析の結果を利用して数値データに処理する工程もある。

　これらの工程を経て、テキストデータを処理していくが、しかし、いくつか前処理の際に注意すべき以下に述べる事柄がある。

（1）　文字コード

　テキストデータと一言でいっても、Shift_JIS や Unicode（UTF-8、UTF-16）、EUC など、さまざまな種類の文字コードが存在する。自動でうまく認識してくれることも多いが、適切な文字コードに変換しなければならない場合も多い。

（2）　辞書

　テキストデータ分析では、文章を単語に分割して分析を行う。この単語をまとめたものが辞書と呼ばれ、テキストマイニングの前処理では辞書を元にテキストデータの数値化を行う。当然、辞書に登録されていない単語は分析できないため、分析精度を向上させるためには辞書をうまく作る必要がある。実際には、既存の辞書（ipa-dic など）が存在するので、その辞書に分析対象に応じた単語を追加するような形となる。いきなり辞書に追加していくというより、一度分析を行った後、バイグラムや N-gram などを利用しながら、必要な単語を追加することが多い。

第Ⅲ部

データ分析の技術

(3)　形態素解析

　文字を分割し、係り受け関係を解析することを形態素解析といい、そのためのアルゴリズムは複数存在する。分析結果にこだわりたい場合は、どのアルゴリズムを利用するのかを検討することも重要となる。

(4)　表記ゆれ

　表記ゆれとは、同じ意味の言葉を別の表現で書き示したものである。例えば「パソコン」、「パーソナルコンピューター」、「PC」、「Personal Computer」などである。何を表記ゆれと見なすかは機械的に判断が難しい場合もある。特に、英語表記と日本語表記がある単語の場合、そろえるか、そろえないかなどが問題となりやすい。これも、分析目的に応じて辞書を修正することが必要となる。

(5)　ストップワードの設定

　ストップワード(stop word)とは、分析に不要な単語のことである。よく挙げられるストップワードは代名詞や助詞などである。これらについても、あらかじめ除外しておくというよりも、分析結果が振るわない場合に除外するようにすることが多い。ただし、明確に不要なワード、例えば顔文字や強調表現などについては、最初にデータから削除したほうが分析しやすいことも多い。

10.3　分　　　析

10.3.1　分析手法の分類

　テキストデータの分析手法は、大きく分けてカウントベースと推論ベースがある。それぞれの手法の例については下記のとおりである。
- カウントベース：頻度分析、共起ネットワーク、階層クラスター
- 推論ベース：類語分析、単語の加減算

カウントベースとは、単語の共起関係を数え上げることにより分析を行うも

カウントベース

	単語 A	単語 B	単語 C	単語 D
文章 a	0	1	1	0
文章 b	5	1	3	1
文章 c	3	3	0	1
文章 d	2	4	2	0

推論ベース

単語 A（0.52、0.39、0.41）
単語 B（0.92、0.41、0.11）
単語 B（0.83、0.63、0.45）
単語 B（0.73、0.87、0.33）

文章 a（0.52、0.78、0.99）
文章 b（0.62、0.57、0.15）
文章 c（0.11、0.49、0.36）
文章 d（0.35、0.44、0.44）

図 10.1　カウントベースと推論ベースのデータ構造のイメージ

のである。推論ベースとは、単語や文章を分散表現に変換したうえで行う分析である。それぞれのデータ構造のイメージを**図 10.1**に示す。

10.3.2　カウントベースの分析手法

　カウントベースの分析手法は、計算自体は1つ1つ文章を読み取り、1つの文あるいは段落内で一緒に用いられている単語を数え上げ、それを表あるいは図の形にしているだけである。カウントベースの分析手法の代表としては、頻度分析、共起ネットワーク分析、クラスター分析が挙げられる。

（1）　頻度分析

　頻度分析とは、テキストデータに登場する単語の頻度について可視化する手法である。分析としてはテキストに出現する単語をカウントして表示するだけである。よく用いられる分析の仕方としては、「品詞」で並べ替えることや、サンプルの外部情報、例えば「A 地域」、「B 地域」などで比較する方法がある。イメージとしては**表 10.1**のような形である。

表 10.1　頻度分析のイメージ

抽出語	出現回数
単語 A	1146
単語 B	987
単語 C	662
単語 D	547

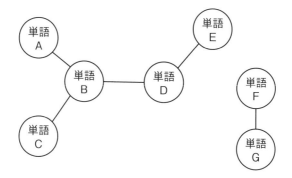

図 10.2　共起ネットワークのイメージ

（2）　共起ネットワーク分析

　共起ネットワーク分析とは、1 つの文章に同じ単語が含まれるという共起関係について、ネットワークの形で描画したものである。イメージとしては図 10.2 となる。この共起ネットワーク分析では、単語の出現頻度から、テキストの作成者がその単語をどのように認識しているのかを捉えることもできる。

（3）　クラスター分析

　クラスター分析とは、単語ないし文書の共起関係を元に、分析する手法である。イメージとしては図 10.3 となる。基本的に他の量的データ分析と同様の考え方であるが、単語や文章の共起的な近さを分析することができる。

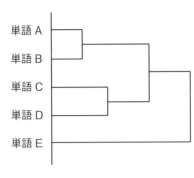

図 10.3　クラスター分析のイメージ

10.3.3　推論ベースの分析手法

　推論ベースの分析手法とは、特定のアルゴリズムで文章や単語を分散表現（ベクトル）に変換し、それをもとに計算するものである。そうすることで、共起関係として表れないものを分析することができる。その代表例が類語分析である。

　推論ベースの分析手法では、共起しない類語を探すことができる。この類語の把握を行えば、分析辞書の制度をより挙げることもできる。すなわち、共起関係から類似語や連続語を把握するのではなく、置き換え可能な単語から辞書に追加すべき語などを探すあるいはデータから削除ないし置換するのである。

　すべての単語がベクトルで表現されていることから、単語間の距離を利用して単語の加減算も可能となる。図 10.4 のようなイメージである。

10.4　テキストデータ分析の注意点

10.4.1　データの偏りへの警戒

　数値データと共通する事項ではあるが、テキストデータでは特に元データの偏りや特徴について深く観察することが望ましい。量的データと違い、外れ値や異常値を発見することが難しい。社内のデータであれば、用いられる言葉の

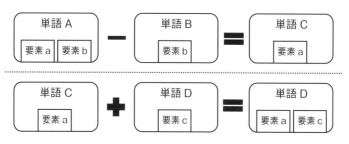

図 10.4　単語の加減算のイメージ

偏りは企業の特徴を示しているかもしれない。しかし、社外のデータであれば、
bot やプログラムにより生成された言葉や、ステルスマーケティングなどによ
る偏りなどもある。Google の検索結果にしても、SEO 対策がなされている関
係から、Google で blog などを多数探してその書き込みを分析しても、意味が
ないこともある。テキストデータは周りにあふれており、利用したくなる欲求
は理解できるが、そのデータの利用にはかなり注意をしなければならない。

10.4.2　外部データの利用

　純粋にテキストデータだけを用いた分析からわかることはさほど多くない。
多くの場合、テキストデータに加え質的・量的な別データを加えて分析するこ
とが多い。もっとも簡単な例は、アンケートの自由記述回答と 5 段階評価の満
足度を突き合わせることだろうか。量的データ分析よりも、テキストマイニン
グは難しい手法であるかもしれない。

10.5　第 10 章のまとめ

　本章では、テキストデータ分析について解説を行った。まとめると、下記 2
つとなる。
- カウントベースの手法は可視化に向いている。
- 推論ベースの手法はカウントベースとは異なる計算を可能とする。

あ と が き

　本書は、第Ⅰ部にて「企業の方向性(適合性)」、を解説した。第Ⅱ部では「仕事の仕組み(有効性)」を解説した。第Ⅲ部では「データ分析の技術(効率性)」を解説した。第Ⅰ部と第Ⅱ部が経営学的な議論を、第Ⅲ部が統計的な議論を行っている。

　本書に限らないことだが、書籍は読みたいところから読めばよい。わずかにでも「面白い」あるいは「役立った」と思ってもらえる部分があれば幸いである。それ以外は読み飛ばしてもらって何ら支障はない。

　本書が読者にとって役立ったかどうかはわからないが、どのような書籍であっても存在しないよりは存在するほうがましなものだと思う。10年後までだと役に立っていないかもしれないが、100年後までには誰か1人の役に立っているかもしれない。

　繰り返しになるが、わずかにでもお役に立てば幸いである。

高木　修一

引用・参考文献

[1] Anderson C. : *The long tail*, Hyperion, 2008.(クリス・アンダーソン著、篠森ゆりこ訳：『ロングテール』、早川書房、2014 年)

[2] Angrist, J. D. and Pischke, J. : *MOSTLY HARMLESS ECONOMETRICS*, Princeton Univercity Press, 2008.(ヨシュア・アングリスト、ヨーン・シュテファン・ピスケ著、大森義明・小原美紀・田中隆一・野口晴子訳：『「ほとんど無害」な計量経済学』、NTT 出版、2013 年)

[3] Anscombe, F. J. : "Graphs in Statistical Analysis", *The American Statistician*, vol.27, issue 1, 1973.

[4] Ansoff, H. I. : *Corporate Strategy*, McGraw-Hill, 1965.(H.I. アンゾフ著、広田寿亮訳：『企業戦略論』、産業能率短期大学出版部、1969 年)

[5] Bharadwaj,A.S. : "A resource-based perspective on information technology capability and firm performance : an empirical investigation", *MIS Quarterly*, vol.24, No.1, pp.169-196, 2000.

[6] Barney, J. B. : *Gaining and sustaining competitive advantage, 2nd ed.*, Prentice Hall, 2001.(ジェイ・B・バーニー著、岡田正大訳：『企業戦略論：競争優位の構築と持続　上 基本編』、ダイヤモンド社、2003 年)

[7] Borgman, C. L. : *BIG DATA, LITTLE DATA, NO DATA*, The MIT Press, 2015.(クリスティン L. ボーグマン著、佐藤義則・小山憲司訳：『ビッグデータ・リトルデータ・ノーデータ』、勁草書房、2017 年)

[8] Brandenburger, A. and Nalebuff, B. : *Co-opetition*, Doubleday Business, 1996.(B・J・ネイルバフ、A・M・ブランデンバーガー著、嶋津祐一・東田啓作訳：『ゲーム理論で勝つ経営』、日本経済新聞出版、2003 年)

[9] Brown, T. : *Change by design*, Harper Business, 2009.(ティム・ブラウン著、千葉敏生訳：『デザイン思考が世界を変える』、早川書房、2010 年)

[10] Carr, M. G. : *IT Doesn't Matter*, Harvard Business Review, 2003.(ニコラス G . カー著、堀美波訳：「もはや IT に戦略的価値はない」、『DIAMOND ハーバード・ビジネス・レビュー』、ダイヤモンド社、2004 年 3 月号)

[11] Edit by Chesbrough, H. W., Wim Vanhaverbeke, Joel West : *Open Innovation*, Oxford University Press, 2006.(ヘンリー・チェスブロウ、ウィム・バンハバーベク、ジョエル・ウェスト編、PRTM 監修、長尾高弘訳：『オープンイノベーション』、英治出版、2008 年)

[12]　Creswell, J. W.：*A Concise Introduction to Mixed Methods Research*, Sage Publication in London, 2015.（ジョン・W. クレスウェル著、抱井尚子訳：『早わかり混合研究法』、ナカニシヤ出版、2017 年）

[13]　Drucker, P. F.：*Management*, Harper & Row, 1973.（P. F. ドラッカー著、上田惇生訳：『マネジメント：課題、責任、実践　上』、ダイヤモンド社、2008 年）

[14]　Greene, J. H.：*Operations Planning and Control*, Richard D. Irwin, 1967.（松田武彦監訳、高井英造訳：『オペレーションの計画と管理』、東洋経済新報社、1969 年）

[15]　Hanelt, A., Bohnsack, R., Marz, D., & Antunes Marante, C.："A systematic review of the literature on digital transformation：Insights and implications for strategy and organizational change", *Journal of Management Studies*, 58(5), pp.1159-1197, 2021.

[16]　Hashem, I. A. T., Yaqoob, I., Anuar, N. B., Mokhtar, S., Gani, A., & Khan, S. U.："The rise of "big data" on cloud computing：Review and open research issues", *Information systems*, Vol.47, pp.98-115, 2015.

[17]　Johnson,M.W.：*Seizing the white space*, Harvard Business Review Press, 2010.（マーク・ジョンソン著、池村千秋訳：『ホワイトスペース戦略』、CCC メディアハウス、2011 年）

[18]　Mintzberg, H.：*Managing,* Berrett-Koehler Publishers, 2009.（ヘンリー・ミンツバーグ著、池村千秋訳：『マネジャーの実像』、日経 BP 社、2011 年）

[19]　Muller, J. Z.：*The tyranny of Metrics*, Princeton University Press, 2018.（ジェリー・Z・ミュラー著、松本裕訳：『測りすぎ』、みすず書房、2019 年）

[20]　Nadkarni, S., & Prügl, R.："Digital transformation：a review, synthesis and opportunities for future research", *Management Review Quarterly*, 71(2), pp.233-341, 2021.

[21]　Osterwalder, A. and Pigneur, Yves：*Business model generation*, willy, 2010.（アレックス・オスターワルダー、イヴ・ピニュール著、小山龍介訳：『ビジネスモデル・ジェネレーション　ビジネスモデル設計書』、翔泳社、2012 年）

[22]　Porter, M. E.：*Competitive strategy*, Free Press, 1980.（M. E. ポーター著、土岐坤他訳：『競争の戦略』、ダイヤモンド社、1982 年）

[23]　Porter, M. E.：*Competitive advantage*, Free Press, 1985.（M. E. ポーター著、土岐坤・中辻萬治・小野寺武夫訳：『競争優位の戦略』、ダイヤモンド社、1985 年）

[24]　Provost, F. and Fawcett, T.：*Data Science for Business*, O'Reilly Media,2013.（Foster Provost・Tom Fawcett 著、竹田正和監訳、古畑敦・瀬戸山雅人・大木嘉人・藤野賢祐・宗定洋平・西谷雅史・砂子一徳・市川正和・佐藤正士訳：『戦

略的データサイエンス入門』、オライリー・ジャパン、2014 年)

[25]　Rasmusson, J：*The Agile Samurai,* Pragmatic Bookshelf, 2010.(Jonathan Rasmusson 著、西村直人・角谷信太郎監訳、近藤修平・角掛拓未訳：『アジャイルサムライ』、オーム社、2011 年)

[26]　Ries, E.：*THE LEAN STARTUP*, Currency, 2011.(エリック・リース著、井口耕二訳：『リーン・スタートアップ』、日経 BP 社、2012 年)

[27]　Stolterman E., Fors A. C.："Information Technology and the Good Life", *Information Systems Research*, IFIP International Federation for Information Processing, vol.143, Springer, 2004, MA.
　　　https://doi.org/10.1007/1-4020-8095-6_45

[28]　Vial, G.："Understanding digital transformation : A review and a research agenda", *The journal of strategic information systems*, 28(2), pp.118-144, 2019.

[29]　Wickham, H.："Tidy Data", *Journal of Statistical Software*, 59(10), pp.1–23, 2014.
　　　https://doi.org/10.18637/jss.v059.i10

[30]　Wiseman, C.：*Strategy and computers*, Dow Jones-Irwin, 1985.(チャールズ・ワイズマン著、土屋守章・辻新六訳：『戦略的情報システム』、ダイヤモンド社、1989 年)

[31]　淺羽茂・牛島辰男：『経営戦略をつかむ』、有斐閣、2010 年

[32]　J.C. アベグレン、ボストン・コンサルティング・グループ編著：『ポートフォリオ戦略』、プレジデント社、1977 年

[33]　有賀康顕・中山心太・西林孝：『仕事ではじめる機械学習』、オライリー・ジャパン、2018 年

[34]　網倉久永・新宅純二郎：『経営戦略入門』、日本経済新聞出版社、2011 年

[35]　飯塚悦功：『品質管理特別講義　運営編』、日科技連出版社、2013 年

[36]　飯塚悦功：『品質管理特別講義　基礎編』、日科技連出版社、2013 年

[37]　石川馨：「わが国 QC の最近の動向 12 項目」、『品質管理』、Vol.15、No.1、pp.1-8、1964 年

[38]　伊丹敬之・青木康晴：『現場が動き出す会計：人はなぜ測定されると行動を変えるのか』、日本経済新聞出版社、2016 年

[39]　井上達彦：『模倣の経営学』、日経 BP 社、2012 年

[40]　井上達彦：『ゼロからつくるビジネスモデル』、東洋経済新報社、2019 年

[41]　梅田弘之：『エンジニアなら知っておきたい AI のキホン 機械学習・統計学・アルゴリズムをやさしく解説』、インプレス、2019 年

[42]　岡田仁志：「スマート・コントラクトの基盤としてのブロックチェーン経済圏

の構造特性」、『日本情報経営学会誌』、41(1)、pp.4-15、2021 年

[43]　川上昌直：『儲ける仕組みをつくるフレームワークの教科書』、かんき出版、2013 年

[44]　グロービス著、嶋田毅執筆：『KPI 大全』、東洋経済新報社、2020 年

[45]　小杉考司：『言葉と数式で理解する多変量解析入門』、北大路書房、2018 年

[46]　琴坂将広：『経営戦略原論』、東洋経済新報社、2018 年

[47]　崔宇：「サプライチェーン・レジリエンスの再考」、『Nextcom』、Vol.43、pp.32-43、2020 年

[48]　斎藤康毅：『ゼロから作る Deep Learning』、オライリー・ジャパン、2016 年

[49]　佐藤郁哉：『質的データ分析法』、新曜社、2008 年

[50]　サトウタツヤ・春日秀朗・神崎真実編：『質的研究法マッピング』、新曜社、2019 年

[51]　塩次喜代明・高橋伸夫・小林敏男：『経営管理　新版』、有斐閣、2009 年

[52]　髙桑宗右ヱ門：『オペレーションズマネジメント』、中央経済社、2015 年

[53]　高木修一・竹岡志朗：「経営学におけるテキストマイニングの可能性」、『富大経済論集』、64(2)、pp.241-260、2018 年

[54]　高橋敏郎：「経営と情報」、大阪市立大学商学部編：『ビジネスエッセンシャルズ②　経営情報』所収、有斐閣、2003 年

[55]　高橋将宜・渡辺美智子：『欠測データ処理』、共立出版、2017 年

[56]　竹岡志朗：「機械学習を活用したテキストマイニング」、『経営学論集』、第 89 集、p.(17)-1 〜 7、2019 年

[57]　竹岡志朗・井上祐輔・高木修一・高柳直弥：『イノベーションの普及過程の可視化』、日科技連出版社、2016 年

[58]　立本博文・生稲史彦：「DX の過去、現在、未来」、『一橋ビジネスレビュー』、68(2)、pp.6-18、2021 年

[59]　田村正紀：『リサーチ・デザイン』、白桃書房、2006 年

[60]　富田純一・糸久正人：『コア・テキスト生産管理』、新世社、2015 年

[61]　遠山暁編著：『組織能力形成のダイナミックス』、中央経済社、2007 年

[62]　遠山暁・村田潔・岸眞理子：『経営情報論　新版補訂』、有斐閣、2015 年

[63]　遠山暁・村田潔・古賀広志：『現代経営情報論』、有斐閣、2021 年

[64]　根来竜之：『集中講義デジタル戦略：テクノロジーバトルのフレームワーク』、日経 BP 社、2019 年

[65]　根来龍之・富樫佳織・足代訓史：『この一冊で全部わかるビジネスモデル』、SB クリエイティブ、2020 年

[66]　林岳彦・黒木学：「相関と因果と丸と矢印のはなし」、『岩波データサイエンス

vol.3』所収、pp.28-48、2016 年

[67] 藤本隆宏:『生産マネジメント入門 I』、日本経済新聞社、2001 年

[68] 藤本隆宏・高橋伸夫・新宅純二郎・阿部誠・粕谷誠:『リサーチ・マインド経営学研究法』、有斐閣、2005 年

[69] 細谷克也編著、池永雅範・吉川豊次・高木修一・竹士伊知郎・長谷川伸洋・平野智也著:『速効! QC 検定 4 級(直前対策シリーズ)』、日科技連出版社、2021 年

[70] 松田武彦:「監訳者序文」、ジェームズ・グリーン著、松田武彦監訳、高井英造訳:『オペレーションの計画と管理』所収、東洋経済新報社、1969 年

[71] 村井和夫:「保存版 オープンソース・ライセンスとコピーレフト」、『インターフェース』、CQ 出版社、45(5)、pp.110-114、2019 年

[72] 安井翔太著、株式会社ホクソエム監修:『効果検証入門』、技術評論社、2020 年

[73] 山崎竜弥:「ICT プロフェッショナリズム」、村田潔・折戸洋子編著:『情報倫理入門:ICT 社会におけるウェルビーイングの探求』所収、ミネルヴァ書房、第 7 章、pp.140-160、2021 年

[74] CCSDS:"CCSDS RECOMMENDED PRACTICE FOR AN OPEN ARCHIVAL INFORMATION SYSTEM REFERENCE MODEL", 2012.
https://public.ccsds.org/Pubs/650x0m2.pdf (2022 年 5 月 23 日閲覧)

[75] Peter Mell, Timothy Grance:"The NIST Definition of Cloud Computing", 2011(独立行政法人情報処理推進機構訳:「NIST によるクラウドコンピューティングの定義」)
https://www.ipa.go.jp/files/000025366.pdf (2022 年 5 月 23 日閲覧)

[76] Dylan J.Yaga, Peter M.Mell, Nik Roby, Karen Scarfone:"Blockchain Technology Overview", 2021.
https://nvlpubs.nist.gov/nistpubs/ir/2018/nist.ir.8202.pdf (2022 年 5 月 23 日閲覧)

[77] 経済産業省:「2013 年版ものづくり白書(ものづくり基盤技術振興基本法第 8 条に基づく年次報告)」、2013 年
https://www.meti.go.jp/report/whitepaper/mono/2013/ (2022 年 5 月 23 日閲覧)

[78] 経済産業省:「DX レポート〜IT システム「2025 年の崖」克服と DX の本格的な展開〜」、2018 年

[79] 経済産業省:「「DX 推進指標」とそのガイダンス」、2019 年
https://www.meti.go.jp/press/2019/07/20190731003/20190731003-1.pdf (2022

年 5 月 23 日閲覧)

[80]　経済産業省：「DX レポート 2（中間取りまとめ）」、2020 年

[81]　総務省：「令和元年版　情報通信白書」、2019 年
　　　 https://www.soumu.go.jp/johotsusintokei/whitepaper/ja/r01/pdf/n2100000.pdf
　　　（2022 年 5 月 23 日閲覧）

[82]　総務省：「統計表における機械判読可能なデータ作成に関する表記方法」、2020
　　　 年
　　　 https://www.soumu.go.jp/main_content/000723626.pdf　（2022 年 5 月 23 日閲覧）

[83]　日本規格協会編：『対訳 ISO 9001：2015〈JIS Q 9001：2015〉品質マネジメン
　　　 トの国際規格：ポケット版』、日本規格協会、2016 年

索　引

著者紹介

高木 修一 （たかぎ しゅういち）

　大阪公立大学大学院経営学研究科　准教授。

　2018 年より富山大学経済学部経営学科講師、2022 年 4 月より現職。

　主な著書に、『イノベーションの普及過程の可視化』(2016 年、共著、日科技連出版社)、『速効！ QC 検定 1 級』(2021 年、共著、日科技連出版社)などがある。

デジタル社会の戦略的経営管理入門
成功する経営の基礎知識

2022 年 7 月 28 日　第 1 刷発行

著 者	高木　修一
発行人	戸羽　節文

検 印
省 略

発行所　株式会社 日科技連出版社

〒151-0051　東京都渋谷区千駄ケ谷 5-15-5
DS ビル

電話　出版 03-5379-1244
　　　営業 03-5379-1238

印刷・製本　㈱中央美術研究所

Printed in Japan

© Shuichi Takagi 2022
URL https://www.juse-p.co.jp/

ISBN 978-4-8171-9762-7